计划的本质与根本改善之道

李忠华 ◎ 著

企业管理出版社
ENTERPRISE MANAGEMENT PUBLISHING HOUSE

图书在版编目（CIP）数据

计划的本质与根本改善之道 / 李忠华著. -- 北京：企业管理出版社，2024.7. -- ISBN 978-7-5164-3116-0

Ⅰ. F407

中国国家版本馆 CIP 数据核字第 202451PV24 号

书　　名：	计划的本质与根本改善之道
书　　号：	ISBN 978-7-5164-3116-0
作　　者：	李忠华
策　　划：	寇俊玲
责任编辑：	寇俊玲
出版发行：	企业管理出版社
经　　销：	新华书店
地　　址：	北京市海淀区紫竹院南路17号　　邮　编：100048
网　　址：	http://www.emph.cn　　电子信箱：1142937578@qq.com
电　　话：	编辑部（010）68701408　　发行部（010）68701816
印　　刷：	北京亿友数字印刷有限公司
版　　次：	2024年9月 第1版
印　　次：	2024年11月 第2次印刷
开　　本：	787毫米×1092毫米　　1/16
印　　张：	13.5
字　　数：	200千字
定　　价：	80.00元

版权所有　翻印必究 · 印装有误　负责调换

掌握生产计划和控制之道

(推荐序)

生产计划、物料控制和生产调度，这些熟悉又枯燥的名词正是制造企业生产运作管理的关键。在竞争日益激烈的市场中，制造企业想要立于不败之地，就必须拥有高效的生产管理体系和管理方法。本书就是面向生产管理实践，为渴望在生产运作领域更有所作为的企业家、经理和一线实践者所写的。

作为一本理论结合实践的图书，本书旨在帮助读者理解计划的本质，并提供有针对性的实用的策略和工具，帮助他们解决在计划过程中常遇到的问题。不论你是一家企业的老板或高管，还是一名刚刚步入职场的年轻从业者，本书都将为你提供生产计划和控制所需的知识和实践技能。

在这个信息爆炸的时代，计划人员每天都被大量的数据、图表和报告所淹没。然而，当他们想要将这些数据转化为生产决策时，却常常感到无所适从。本书通过简明扼要的解释和清晰实用的例子，帮助计划人员掌握有用的技巧和方法，可以从海量信息中筛选出真正有用的部分，并将其转化为可以指导实际操作的计划方案。

生产计划、物料控制和生产调度并非只属于大型企业或专业领域。无论你的企业规模如何，都离不开这些核心管理过程。通过本书，你将学会如何制订有效的生产计划，合理安排物料供应，以及灵活应对生产调度中的挑战。本书以通俗易懂的方式解释复杂的理论，让每个人都能够理解并运用到自己的实际工作中。

本书在介绍理论知识的同时，更注重实践操作的指导，通过实例和案例分析，展示不同行业、不同规模企业在生产管理方面的成功经验和教训。无论你是制造业哪个层次的管理者，都能够在本书中找到适合自己的解决方案和策略。

最后，我想强调的是，学习永无止境。生产运作管理领域的知识和技能也是如此。随着时代的发展和技术的进步，生产运作管理也在不断变革和创新。因此，我希望读者在阅读本书的同时，能够保持开放的心态，积极探索新的理念和方法，更好更快地提升自己的专业素养和实践能力。

在这个充满机遇和挑战的时代，我们需要不断学习，不断进步，才能在激烈的市场竞争中立于不败之地。希望本书能够成为你在工厂运营改善与进步道路上的得力助手，帮助你掌握计划之道，提升供应链运作水平，助力事业成功！

作为李忠华的老师，看到这本极具现实意义的图书问世，感到十分欣慰。是为序。

万国华
上海交通大学安泰经济与管理学院
管理科学特聘教授、博士生导师
2024 年 4 月

前　言

这本书并非一本讲述传统PMC的书，也不是关于MRP、看板或APS的功能介绍或操作指南。这本书与以往众多的计划类书籍有着显著的不同，其重点在于以全新的视角去观察和理解制造业计划。

之所以编写这本书，是因为作者观察到计划从业人员希望在这些方面得到帮助：企业高级管理人员希望更主动、更精确地管理计划业务。例如高管们需要为计划组织设定合理的目标，如库存周转次数、平均交付周期、及时交付率等，但是他们不太能把握"合理"的度。他们渴望能全局掌控、事前控制计划业务。而事实上他们只能依赖对计划具体输出物的审批或者事后考核和追责来管理计划业务，这显然效果不佳且为时已晚。而本书的编写可帮助高管以合理的目标管理计划业务、以合适的计划策略驱动计划业务。在一般情况下，各级计划人员在履职时都已经掌握了PMC、MRP或者看板这些方法和工具。他们每日都在勤奋地工作着，他们导入相关计划管理软件MRP甚至APS；他们也想通过提升自己的专业技能来改善计划业务。可是好像该学的都学了、该做的都做了，计划工作的结果却总是不能让人满意。这是什么原因导致？本书可以帮助计划人员深刻地理解计划业务的本质，理解计划基本原理，掌握集成PMC的流程架构、计划方式、计划参数这些"经常被忽视"的计划管理的重要组成部分。

本书分为三个部分：

第一部分，主要阐述目前制造业计划组织面临的困境，同时给出了初步的原因分析和改善对策，以期直接帮助计划人员改善其在现有的计划框架下的计划工作。

第二部分，主要阐述困境源于计划工作与其他职能领域工作截然不同的本质，即计划需要非常复杂的计算。因为需要"计算"，所以计划工作需要准确的数据、业务逻辑、计划参数和运算转换法则（计划方法）。之后展开说明一些重要的计划参数的定义、影响与计算方法。同时作者也阐述了多种计划方式的逻辑、用法和适用的业务场景范围。作者对目前最主流的计划方法MRP、看板展开了分析，肯定了它们的长处，也指出了它们的不足之处。

第三部分，首先指出传统PMC的不足之处，然后讲述了如何利用集成供应链计划流程架构和作者自创的SMPS模型来构造完善的计划体系，以便同时完成计划工作的"管理"与"计算"。作者把这个新的完善的计划体系称为集成PMC，并在书中讲述了计划组织、计划岗位和计划人员胜任力模型以及集成供应链中的重要的计划协同点。总体来说，作者希望尽可能地讲清楚如何构建集成供应链计划体系的每一个要素模块和集成方式。

书中涉及比较多与本书主题关联的管理理论和方法，由于不想使本书篇幅过长，所以对一些常见的知识没有详细展开。如果恰巧读者对某个知识点还不够了解而影响读者理解本书的内容，建议读者在阅读此书时，中间停顿一下，先补充相关知识，然后继续阅读这本书。在书中的正文和脚注中，对于引用的管理理论、方法、模型等，作者尽量标明其来源与原创者。这既是尊重知识产权，也方便读者检索相关资料。作者没有找到其中部分理论、知识、模型等的最早出处，主要包括：服务水平和成本收益关系模型图、各安全库存计算公式、POS法、OES法、集成供应链的上升路径图等，这些还需要读者自行去检索。

作者也希望通过这本书能够结交更多的同行朋友，希望能够和大家一起探讨，一起分享，一起提高对计划的认识，一起掌握更好的计划方法论，一起为制造业的进步做出更多的贡献。

李忠华
2024年4月

目 录

开篇 逼人的形势和诱人的金矿　/ 001

上篇 | 困境中的计划　/ 005

第一章　计划组织面临的挑战　/ 006

第二章　犹如俄罗斯套娃的计划层级　/ 010

第三章　S&OP计划：决策者空舞的指挥棒　/ 013

第四章　需求计划：桀骜不驯的龙头　/ 024

第五章　主生产计划：五行不定难做主　/ 030

第六章　生产加工计划与调度计划：作战命令成了作战指导　/ 036

第七章　物料计划和生产计划：一对难兄难弟　/ 039

第八章　产能：说不清道不明　/ 044

第九章　库存：请神容易送神难　/ 049

第十章　定个目标都左右为难　/ 053

中篇 | 计划的本质、参数与方法　/ 069

第十一章　计划业务的本质　/ 070

第十二章　物料计划参数　/ 077

第十三章　物料计划方法及选择　　／102

第十四章　生产计划方法　／119

第十五章　传统生产计划方法的不足　／128

第十六章　生产计划参数　／138

下篇　计划的根本改善之道　／143

第十七章　传统PMC，基本架构基本功　／145

第十八章　流程再造与全面完整的计划　／149

第十九章　计算管理与科学精确的计划　／170

第二十章　SMPS模型与集成的计划　／176

第二十一章　以人为本，建设高效的计划组织　／189

第二十二章　从一隅到全局，集成供应链中的计划　／197

开篇　逼人的形势和诱人的金矿

作为一个出生于20世纪70年代初的人，这50年间作者亲身体验了时代的变迁和历史的潮流。从供应链、工厂等相关的物资供应的角度来看，作者的幼年处在"极度贫乏"年代，童年和少年处在"日渐丰富"年代，两个年代总体上是供不应求，商品紧俏，存在彩电凭票、冰箱凭票、黄牛（官倒）加价等现象。消费者的诉求是"买到就是胜利"，并不讲究产品的质量。从生产企业的角度，产量就是利润。

到作者的青年时代，"买东西不再凭票，敞开供应"，供大于求的时代来临了，消费者开始挑剔质量。那些在"紧缺年代"就开始重视质量的企业很快就取得了竞争优势，海尔张瑞敏怒砸次品冰箱的故事就是一个典型。次品是指有各种等级瑕疵但是产品主要功能不受影响、仍可使用的产品。在那个紧缺年代，企业销售次品是司空见惯的，也很好卖，只不过需要降低一点价格。海尔前瞻性的质量意识铸就了海尔的辉煌。从生产企业的角度来说，产品质量就是企业的核心竞争力。

在质量为王的时代，另外一些企业开始走"低价为王"路线，他们靠规模经济，或者靠运作效率形成低成本，力求赢得竞争。

在生产组织上，那个年代的特征是大规模制造，企业总体生产规模越来越大，竞争态势是"大鱼吃小鱼"。企业的供应链管理焦点是质量体系标准ISO9000、全面质量管理（TQM）、戴明环PDCA[①]等。

而这个时代并不长久。迅速富裕起来的消费者开始追求个性化，"撞衫"成了尴尬的事情，全然忘记了20年前全国人民都穿着同款服装。此后大量的企业采用"差异化"的竞争战略，他们孜孜以求地去挖掘消费者独特的需求，直至主动引

---

① PDCA循环又称戴明环。PDCA循环的含义是将管理分为四个阶段，即Plan（计划）、Do（执行）、Check（检查）和Act（处理）。

导差异化需求。差异化不仅仅是产品本身，还包括消费者的购买过程体验，其中"快"也是经常被引用的竞争战略。在生产组织上，多品种、小批量、定制化的订单和越来越大的整体规模在一个平台上运营，竞争法则是"快鱼吃慢鱼"。企业的供应链管理焦点是精益生产，"快速""柔性""敏捷""低成本"地去适应要求越来越高的客户。

管理的进步、技术的进步、充足又能干的劳动力、政治稳定、加入世界贸易组织（WTO）等因素，让我们一路狂飙，一直冲到了世界制造业领头羊的位置。

然而美好的时光还没有享受多久，我们越来越多地开始使用悲观负面的词语，"太卷了""生意不好做""工作不好找"等。情况到底如何？先看几组国家统计局网站发布的数据：

◎ 2022年，制造业实现利润总额64150.2亿元，下降13.4%；而同期营业收入增长4.5%。真正的增收不增利，"利润比纸薄"不是无病呻吟，也不是"藏富"，老板们确实没有给员工让渡利润的空间了。

◎ 2022年年末，规模以上工业企业产成品存货周转天数为17.6天，比上年增加0.9天；应收账款平均回收期为52.8天，比上年增加3.5天。

◎ 2022年全国规模以上企业制造业就业人员年平均工资仅86933元；生产制造及有关人员仅71147元。劳动者取得的这个工资收入，还包含相当的加班收入。

这还是规模以上企业，小规模企业的数据肯定是更令人揪心。从以上数据来看，无论是投资者还是劳动者，对当前的利益都应该是不满意的。但是双方都无法在博弈中改变"分蛋糕的规则"为自己争取更多。"做更大的蛋糕"成了双方共同的理性的目标。

怎么实现？从整个国家大局来说，依据微笑曲线理论[①]，加强研发技术创新、加强品牌和营销，是最好的选择。然而常识告诉我们，"技术领先""品牌领先"的领先者总是小部分，否则不叫领先。大部分工厂在产业分工中必然是以配套加工为主，它们赢得更好处境的可行方法就是在供应链管理上领先于竞争对手。企业都需要去

---

① 微笑曲线，由施振荣提出的管理理论。人微笑时的两边嘴角翘起，中间嘴最低。产业微笑曲线是指产品的完整产业链不同的环节有不同的附加值，中间是制造，左边是研发，右边是营销。研发与营销的附加价值高，因此产业未来应在左边加强研发创造，在右边加强客户导向的营销与服务。

改善供应链，去解决交货迟、库存高、交期长、成本高这些问题。

但是我们的企业发现手中曾经的王牌已经打完了：

◎ 曾经廉价而丰富的劳动力供应带来了低成本；然而优势已经不再，企业面临东南亚、印度等地区更廉价劳动力的竞争，人口红利吃完了。

◎ 企业过去应对市场波动所需要的柔性与敏捷很大部分来自整个产业链随时可以"加班"的劳动队伍，而不是企业的精细化管理水平；然而到如今年轻的劳动者认为需要平衡好生活与工作的关系。

◎ 企业需要为安全、环保、健康支出更多。

看来我们需要找到另外的好牌，否则我们就无牌可打了。

法国的伯乐父子所著的《金矿》，描述了如何通过精益生产来挖掘企业利润的金矿。在中国企业都在谈论和尝试精益管理，但是绝大部分企业只是浅尝辄止，金矿里还有大量黄金矿石没有被挖掘。所以精益管理是值得企业去争取的一张王牌。

作者今天想要告诉大家另外一个金矿。这个金矿也是一个含金量很高的富矿，目前挖掘得很少。这个金矿就是"计划管理改善"。作者讲述一个亲身实践的故事说明这个金矿的含金量。

2008年10月，作者加入了S公司的子公司S1公司，负责S1公司的供应链工作，统管计划、采购、生产、质量职能。S1公司每月大约生产消弧线圈、电抗器等产品270~300套，直接员工（班组长及以下）大约300人。S1公司在这个行业内是市场份额、运营效率领先的公司。2009年，作者投入大量的精力改善其计划系统，主要是先让ERP真正用起来，同时从3月开始导入APS系统，并在同年9月底上线。这个改善项目获得了非常丰厚的回报。以2010年改善成绩为统计口径，具体情况如下：

◎ 2010年直接员工数量基本保持不变，员工平均出勤时间基本不变，月产量大幅度增加到大约460套，避免人员增加160人左右。

◎ 车间在制品周转从22天下降到11~12天。

◎ 放开原有的紧急插单数量限制，同时基于承诺日期的及时交货率（OTDC）接近100%。

整个计划改善项目，直接投资加上内部人员投入，总计成本大约价值80万元。项目每年回报率约20倍，节省费用占S1公司利润大约1/4。我们挖到了真正的金矿！

这不应该是一个特例，几乎每个企业都有这个"金矿"。从整个制造业来看，一个年制造成本在10亿元的公司，库存在1亿~2亿元是很常见的。如果有效地开展计划改善项目，库存削减10%~20%就是1000万~4000万元，每年就可以节约库存持有费用100万~400万元（库存年度持有费用10%是非常保守的数据，包含了资金成本、保管费用、损耗、保险费用等）。而一个计划改善项目的一次投入一般在300万元以内（包含IT系统导入、业务咨询），投入的年回报率大约在100%。这不是金矿是什么？而且这个金矿还有丰富的"伴生矿"：交付更快、更及时等。

看到了金矿，如何挖掘，也就是如何做好计划改善，就成了一个焦点问题。在作者主导过的每个改善案例中，改善小组采用的改善方法和路径都有所不同。在这些改善中作者获得了很多经验和教训，其中和计划工作的方法论相关的心得体会就是本书的主要内容。希望本书的读者能够获得一些启发、知识和技能；增强改善的意愿、信心、能力；提升改善的成功概率。希望大家都能挖到"计划改善"这个金矿，获取丰厚的回报。

上篇
困境中的计划

第一章
计划组织面临的挑战

在开篇中我们谈到了时代的洪流中消费者在变化：消费者对品质和使用感受越来越挑剔、对商品越来越追求个性化、越来越习惯于"次日送达"的交付服务、无理由退货越来越成为一种消费者日常权利。在消费者越来越享受着这种消费权利时，对企业来说"乌卡"时代降临了，面临着巨大的挑战。

乌卡即VUCA，是四个英文单词volatile、uncertain、complex、ambiguous的首字母缩写。

（1）volatile，易变不稳定。今天红极一时的产品，转眼可能被消费者遗忘；今日默默无闻，明早可能一夜爆红，所有的都是易变不稳定的。

（2）uncertain，不确定。你的客户不确定是会追加订单还是砍单？虽然你的供应商信誓旦旦，可是你不确定他明天是否把物料送来。这个时代唯一确定的是不确定。

（3）complex，复杂。我们构建了越来越复杂的供应链网络、越来越精细的流程体系、IT系统以便支撑越来越复杂的业务。同时从业人员需要掌握越来越复杂的业务技能。

（4）ambiguous，模糊。弄清楚事情是一种奢望；想要弄清楚后再做决定那就为时过晚了；甚至你永远没有弄清楚的机会。"模糊的正确"，是决策者无奈而必然的选择。

在"乌卡"时代，面对越来越"乌卡"的情境，如果企业不想失败、不想退出竞争，企业必须让自己的输出越来越快、越来越准、越来越好。企业的供应链必须越来越敏捷、越来越柔性、越来越低成本、越来越快、越来越贴心。

计划组织作为企业运营的中枢，在"乌卡"条件下，它需要保证结果的确定性。这些结果包括：

（1）客户层面的结果。计划组织必须代表企业组织实现整个交付承诺。无论如何，企业必须让自己的交付及时率达到一定的水平，否则企业无法在市场上生存。

（2）财务层面的结果。企业的资源是有限的，无论是投入更多的库存还是产能，都会消耗企业的宝贵资源。因此计划组织往往需要帮助企业严格控制库存、平衡地利用产能等。

（3）内部运营过程中的阶段性结果。在运营内部，计划组织既是一个指挥中心，又是一个服务中心。计划组织需要确保很多运营过程的稳定和高效。所以诸如物料及时齐套、生产产能利用率、均衡生产等必须保持在合理的水平线上。

总而言之，计划组织面临的挑战就是"在不确定的输入条件下必须输出确定性的结果"。

很多人会讲其他职能组织同样面临不确定性，同样承担绩效指标的压力。在这一点上，我们做一点深入分析，可以得出"计划组织是与众不同的职能组织"这个结论。我们仔细分析一下典型的企业里的职能组织，它们的业务有以下几种典型特征。

（1）职能组织的业务特征：从确定性到确定性，例如生产、质量、财务、人力资源等。为了保证确定性的输入，他们有进料检验等；为了保证确定的结果，他们用员工培训、作业指导书、三按作业、环境检测、设备维护和校验等等来保证。不确定的事件发生的概率很低，即使发生了不确定的事件，企业也有《××异常处理程序》之类的预案，员工按部就班地展开就行了。

（2）职能组织的业务特征：从不确定到不确定。例如销售部门，可能是30个销售线索转换为10个商机赢得5个订单就很好了。领导不会责怪销售组织"丢单五个"，而是夸他们"赢单五次"。

（3）研发类职能组织的业务特征：从确定到不确定再到确定。这里指的不是那种完全颠覆性、创新性的研发，而是绝大部分企业进行的产品模仿、改进、增强性开发。基础的技术理论是确定的，甚至有行业领头羊的产品作为参考。但是绝大部分开发项目，都需要反复测试实验。只有最后一次才是成功，前面全失败，然而领导会赞赏他们的"屡败屡战"。因为领导对那些"过程失败"是认可的、接受的、有心理预期的。

计划组织面临挑战的另外一个原因是：目前很多企业高管层远远没有认识到计划的工作难度，因此对计划部门的资源投入明显不足，尤其是在人力资源和IT工具上。在这一点上，就和战略、市场等组织区分开来了，它们往往是集中了公司最优质的资源。

因此，计划组织面临的最大挑战变成了"在自身资源不足的前提下，在不确定的输入条件下必须输出确定性的结果而且失败是不可接受的"。

计划组织面临的挑战，使其很容易陷入被"群起而攻之"的困境：

1. 来自销售部门的抱怨

通常销售部门挑战计划部门，他们希望更多的产出、更短的交付周期、更任性的紧急插单；这实际上是对整个供应链的要求，计划组织往往代表整个供应链接受这些挑战。

而雪上加霜的是：销售部门往往对自己糟糕的预测和随意的承诺给供应链带来的损失和被动视而不见。当供应链产能不足时他们加入抢占资源的行列，造成更大的牛鞭效应，从而使得情况更恶化。

2. 来自生产部门的抱怨

计划部门希望生产部门按照计划及时完成生产，却导致生产部门直攻计划的软肋：生产计划不可行、不合理、不科学；物料延误，等等。在考核生产部门的设备利用率、平均制造周期之类的绩效时，生产部门又抱怨计划部门"物料延误"造成他们绩效不佳。

3. 来自采购部门的抱怨

采购部门抱怨计划部门没有给予供应商足够长周期的预测且预测总是不准确；一方面抱怨紧急的物料需求，另一方面又抱怨计划部门不能按时接收供应商完成的物料挫伤了供应商及时交付的积极性。

4. 来自研发部门的抱怨

研发部门抱怨计划部门没有及时地安排研发所关注的试样和小批试制；抱怨他

们的工程更改需求因为库存物料而无法马上实施。研发部门往往会忘记一个事实，那就是仓库里大量的呆滞物料往往来源于研发部门的设计变更。

5.来自财务部门的抱怨

财务部门是用数字来管理的部门。他们经常抱怨计划部门没有很好地控制库存，以致公司现金流紧张。

以上这些就是大多数制造企业的计划组织所面临的困境和挑战。毋庸置疑的是它们需要改变这个局面，突出重围。我们需要看看计划组织在那些特定的计划过程和计划输出中，具体碰到了什么样的难题？陷入了什么样的困境？存在什么样的不足？从而让我们有机会找到那些突出重围的方法和路径。

第二章
犹如俄罗斯套娃的计划层级

本书所说的计划，是指工厂的运作计划，它包括了S&OP计划、产能计划、需求计划、主生产计划MPS、生产加工计划、车间调度计划、物料计划，有时候还包括运输计划等对象。我们先做一个说明，本书中的某些名词的含义和传统的理论、其他书中的定义可能会有些不一致。请读者不要奇怪，对传统定义进行修正和深化，也是本书的一些努力尝试。

销售与运营计划（Sales & Operations Planning, S&OP），S&OP计划，是指整个S&OP整个流程运行后最重要的输出物PSI计划，即产出计划、出货计划、库存计划等。

产能计划，主要是指生产产能计划，包含企业增加或减少产能的总体目标、阶段目标、主要时间节点和关键措施。

需求计划，主要是根据销售预测、客户订单等制订的需求计划，对车间来说是所要求的产品完工入库的计划，对工厂来说是所要求的出货计划，对物流系统来说是所要求的配送计划。所有这些完工、出货、配送等实际上存在一定的时间差，正如国际贸易中的EXW[①]条件下交货日期是出厂日期、FOB[②]条件下交货日期是上船日期、CIF[③]条件下交货日期是到岸日期，它们在交割时间上存在差异。为了简便起见，在文中论述的时候不做区分和说明，讲到不同的主体单位时，默认为这些需求计划的时间差是已经调整过的。

生产计划，一般包括主生产计划、生产加工计划和详细的车间调度计划。根据计划展望期不同，很多企业存在日生产计划、周生产计划、月度生产计划、长期生产计划。这两种分类之间，存在一定的对应关系，但不是严格地一一对应。和生产

---

① EXW: EX Works, 工厂交货, 出厂即标志着交付。
② FOB: Free on board, 船上交货, 上船即标志着交付。
③ CIF: Cost Insurance Freight, 到岸价, 到岸即标志着交付。

计划相关的还有一个来自S&OP计划的产出计划，在这里一并做一下比较说明，如表2-1所示。

表2-1　产出计划与生产计划比较

计划类型	S&OP计划的产出计划	主生产计划	生产加工计划	车间调度计划
对应的各周期计划	长期生产计划	月度生产计划 中期生产计划	周生产计划 短期生产计划	日生产计划 短期生产计划
计划展望期	当月至6~12月或更长	当月至3~6月	当周至2~4周	当日至3~7天
产品颗粒度（通常）	通常是产品族 特殊情况下，当企业SKU[①]较少时可以直接用SKU	部分SKU+部分产品族+关键半成品	SKU 所有自制件 不再有产品族	SKU 所有自制件 不再有产品族
资源颗粒度（通常）	整个企业或者工厂	车间、班组或生产线	班组、生产线、关键资源（如关键设备）	各种机台、工序、员工等
时间颗粒度（通常）	月、周	周、天	天、班次、小时	小时、分钟或更细
与物料计划的关系	是超长周期物料的计划依据	是长周期物料（设为MPS级物料）的计划依据 超长周期物料计划调整的依据	是短周期物料（设为MRP级物料）的计划依据 长周期物料计划调整的依据	是叫料、拉料的依据； 短周期物料计划调整的依据
产销协同	公司长周期供需平衡 ·拉动长周期产能与物料 ·拉动市场销售策略调整 ·重大的项目拉通以外，不谈具体合同 ·计划策略的再审视和拉通（含风险储备、战略储备）	公司中周期供需平衡 销售合同洽谈的依据 合同交期评审的依据 远交期合同交付日期承诺的依据	公司短周期供需平衡 具体已临近交期合同的交付日期滚动确认的依据 紧急订单交付承诺的依据	供应限制需求； 一般设置计划锁定期
产能	焦点在长期产能建设计划的滚动审视	焦点在中期产能建设计划的滚动审视	焦点在短期可扩充产能是否实施	临时调度以便增加或减少产能

这样的计划层级关系，各类计划形成了俄罗斯套娃的关系，高一层级的计划套住了低一层的计划。S&OP计划指导了主生产计划，对主生产计划形成了一定的约束关系。主生产计划又指导了生产加工计划，生产加工计划又指导了车间调度计

[①] SKU: Stock Keeping Unit，保存库存控制的最小可用单位。

划。层层细化、连环推演，它们又形成了连环套的关系，一环套一环。虽然下一层的计划可能不同于上一层计划，但是总体上还是受限的，工作逻辑上是层层展开的，计划内容上也是紧密衔接的。

这样的计划层级关系，同时也构筑了一个渐进明晰的关系，高一层的计划看得更远但是相对比较粗，而低一层的计划就看得相对近一点，但是颗粒度更细。颗粒度包括时间的颗粒度分别是月、周、天、时、分、秒；产品的颗粒度从产品大类到小类到具体的SKU、部件等；组织的颗粒度从工厂到车间到班组到特定工序的机台、模具、人员。

这是目前绝大部分企业正在运行的或者正在努力搭建的计划层级关系。这样的复杂的计划层级关系，带来了巨大的工作量和工作难度；同时，如果仅仅借助于ERP[①]和Excel，连环套存在逻辑断裂的可能。

---

① ERP，Enterprise Resource Planning，企业资源计划。

第三章
S&OP计划：决策者空舞的指挥棒

假设我们做个调研，调研对象是已经了解了S&OP的供应链管理人员。第一个问题是"你觉得S&OP是个好的管理理念和工具吗？"，绝大部分人会给出肯定的答案。第二个问题是"你们公司例行开展S&OP会议吗？"，大部分人会告诉你一个否定的答案。然后针对那些已经开展了S&OP的公司人员问第三个问题"你认为你们公司的S&OP起到了导入时预期的效果吗？"，大部分人还是说"no"。

那么问题来了，这么一个理论上大家都觉得可行且很好的管理工具，本来想象中是"决策层很好的指挥棒"，怎么就成了没有作用、虚张声势的空舞，成了"食之无味、弃之可惜的鸡肋"了呢？

我们来整理一下思路，看看究竟是什么情况。先来看看S&OP的流程。图3-1是一个示例，各家企业的具体流程有所不同，但是基本过程和要素是一样的。

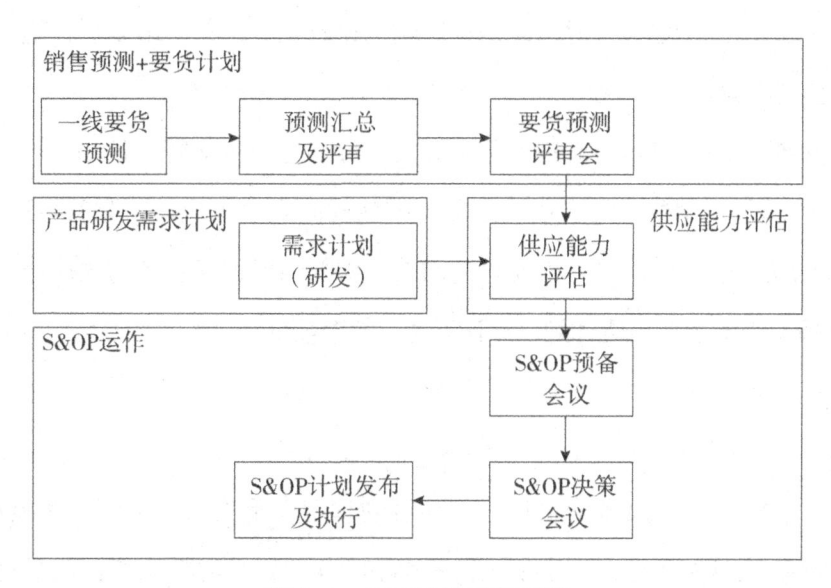

图3-1　S&OP的流程示例

第一节　运行S&OP的关键环节

S&OP作为一项管理活动，有很多关键要素。为了便于记忆和理解，作者把它编成一个口诀——12345R。

1个最重要目标：供需平衡

S&OP这个流程的目的就是在企业内部实现供需的平衡，对企业未来的销售与运作计划做出协调。企业最怕的是供需之间完全不协同，例如供应链不能在足够早的时间了解到需求会大幅度上升，那么它不可能有足够的物料和产能来完成交付。同样，市场销售部门不了解供应能力吃紧，还在降价促销，这会让企业忙得要死，利润却竹篮打水一场空。一个重要的思想是：只有需求和供应平衡了，才有机会带来好的经营成果。

2大职能部门：市场销售与供应链

在这个流程中，市场销售需要提供未来的销售预测和客户的要货计划，在客户数比较少的企业（B2B）中，一般是详细地列明客户名单和客户需求；在B2C行业或者B2B中客户极其分散的行业中，一般是总需求量的预测，或者按地区等维度分列。

虽然产品研发部门需要占用物料和产能，另外研发部门的产品设计变更、新产品导入、产品退市计划等，对供需平衡影响也比较大，但是一般来说，这个部门不是主要的需求来源。

供应链部门的重点是针对销售预测和要货计划进行供应能力评估，比如评估自己是否能够满足？哪些时间点供大于需，哪些时间点供不应求？是否可以再努力，满足更多的交付需求？所以，本流程的两大职能部门是市场销售与供应链。

3个基本输出物：出货计划、产出计划、库存计划

S&OP最重要的产出物就是三个计划：生产计划P，出货计划S，库存计划I，简称PSI。

当然，S&OP还有很多输出物，例如行动计划、重大项目计划、策略调整等。S&OP的行动计划主要是为了实现供需平衡和PSI计划，包括采购部门如何提高瓶颈物料到货数量的行动计划；生产部门如何提升产能的计划；销售部门促销以便消

耗剩余产能的计划；销售部门引导客户选择产品避开供应不足的产品或者引导客户改变交付时间去避开产能负荷高峰时间段；等等。

4次关键会议：需求评审会、供应评估会议、S&OP预备会议、S&OP决策会议

需求计划是无约束的客户需求计划。请注意关键词"无约束"。"无约束"是指不受目前的供应能力限制。因为只有"无约束"的需求计划，才能真正反映我们可能获取的客户订单的数量，在后期的供需平衡中，才可以发现供应的缺口。需求计划的关键在于是否准以及准到什么程度。这里不准的话，所有后面的工作都基于错误的假设，整个S&OP的效果就不难想象了。

需求评审会一般以市场销售部门为主，供应链部门也会经常被要求参加，以便理解和审核需求。供应链部门可以用历史数据推演的结果，来质询看起来似乎不太合理的销售预测数据。在会议上要形成企业级的需求计划。

供应评估会议主要由供应链部门组织。在这个会上，供应链相关人员一定要积极应对销售预测的要求，尽量对自己高标准严要求，不可以用"做不了"这样一句话放弃努力。需求的场景是有很多种可能性的（产品组合的变化、优先级的变化、需求时间点的变化等）。供应的场景变化也很多，每一个要素都有发生变化的可能，同时资源（产能、瓶颈物料）分配也有很多方法。企业要多模拟各种方案，尽量准确地评估。即使只考虑瓶颈产能和瓶颈物料，模拟工作量仍然极其巨大。如果没有APS[①]软件之类的工具，限于时间和计算能力，很多模拟就比较简化，最终会影响评估结果的科学性和权威性。

S&OP预备会议，类似于军事行动中的作战方案准备会议。作战参谋需要推演出各种行军路线、各种作战节点、各作战团队协同方式。在S&OP预备会议上，市场销售代表、研发代表、采购代表、生产代表和计划代表等职能线代表就是作战参谋。"参谋们"聚在一起，努力寻找可行的行动方案来解决供需不平衡或者减轻供需不平衡。每种方案之后又是大量的模拟计算，对各个结果进行分析。经过利弊权衡，找出相对最优解或者多个解推荐到"作战司令部"进行决策。

决策会议的主要议程包括回顾上期行动计划和PSI计划达成情况。对参谋做

---

① APS, Advanced Planning and Scheduling, 高级计划与调度。

出的本期S&OP计划和各项行动方案进行决策选择，然后给行动方案分配资源，布置行动，指定责任人等。整个会议是做决策（选择某个方案或者综合几个方案），而不能成为数据质疑或论证会，更不是头脑风暴会议。

5大策略审视：市场营销策略、产品上市退市策略、采购策略、计划策略（含库存策略）、产能策略

在整个S&OP会议上，必要时要对供需平衡相关的策略进行回顾和审视。判断是否必要的标准主要是看供应和需求比起策略制订的时候是否有了较大的变化。如果变化较大，则可能需要调整策略，S&OP会议上可以开展策略的审视和调整。

R是一个环（Ring），指戴明环，就是PDCA的循环

S&OP流程可能每月一次，每次都要检查上次会议决策事项的完成结果，检查上期的各项计划准确性、行动计划的完成情况，然后要形成弥补和持续改善计划。

第二节　运行S&OP的常见疑问

在多年的工作中，作者发现企业在运行S&OP整个流程时，经常会有这些疑问。

1. S&OP到底展望多远

很多书本、咨询老师会告诉你，S&OP运行中需要展望至少12个月，越长越好，很多是两年甚至更长。这样长的展望期，带来了很大的困难和挑战，一是市场和销售部门没有办法去支撑这么长时间的预测；二是每次处理的数据很多，例如12个月或者18个月的数据（包括全套数据，例如销售预测、产能、物料、库存等等），大家苦不堪言。更关键的是很多次S&OP过程中，大家对远期的内容好像不是十分关注。那么是否可以因地制宜地规定展望期呢？如果可以，这个"因地制宜"又该如何规定呢？作者把自身的实践分享给大家，作为大家的参考。

（1）S&OP的目标是为了"供需平衡"，因此对展望期的规定如下：

第一，确定产能可扩充台阶分布和台阶建设周期。产能提升一般是一步一个台阶，不会是一个连续的数字。例如，某事业部某产品目前最高日产能100台，长周期大资金的瓶颈设备是浇注系统，增加浇注系统需要8个月时间（采购、收货、安装调

试、试运行），每增加一套设备增加产能50台。我们记下两个关键词：100台、8个月。

第二，厂房最大容量是日产250台，超过250台的话就要建设厂房，厂房从立项到建设到投入使用大约需要3年。我们记下两个关键词：250台、36个月。

第三，将2组数据交给公司高管和销售市场部门。大家协商一致：销售部门高度关注100台这个概念，如果预计需求会超过这个数量，必须提早8个月纳入S&OP议程；如果需求远低于100台，则不需要看8个月这么久；同理，250台这个台阶需要提前36个月关注。

第四，供应链部门按照此方法寻找物料、产能的瓶颈点和决策提前期，得出表3-1。

表3-1 相关信息表

产能台阶（台）	产能瓶颈	建设周期	物料瓶颈	采购周期
100以下	模具	4个月	浇注料	3个月
100~250	浇注系统	8个月	浇注料	3个月
250以上	厂房	36个月	浇注料	3个月

（2）形成展望期规则如下：

第一，焦点放在4个月，通常预测做1~4个月；因为目前的需求不会突破90台。

第二，对于8个月内的销售预测，销售部门如果预计会突破100台，需要专门做出说明，作为S&OP议程的输入；如果预计36个月内的销售预测会突破250台，需要在S&OP平台上提出。

因此，整个S&OP的全过程数据大量减少，工作量大幅度降低，流程效率大幅度提高；同时，市场销售部门因为聚焦而提升了预测质量，供应评估、决策都因为聚焦而更轻松更准确了，"供需平衡"这个目标也就更好地实现了。

当然，很多人不赞同这种做法，认为会因此失去对5~12个月的供需平衡的机会，是一种不应该的妥协的做法。而笔者认为：抓主要矛盾，100台以下的供需平衡是主要矛盾；量力而行，看销售预测的能力。如果公司的销售预测确实能够很准确地预计很远的未来，当然不需要妥协，可以继续坚持看长期预测的做法。

2. 计划的产品族如何分类

产品族的分类应该是分层的，因为越远的未来越模糊，所以近细远粗是一种合理的选择，这个就需要不同颗粒度的产品族来代表，如图3-2所示。

```
                        大类A
           ┌──────────────┼──────────────┐
        中类A₁          中类A₂          中类A₃
       ┌──┼──┐        ┌──┼──┐        ┌──┼──┐
      A₁₁ A₁₂ A₁₃    A₂₁ A₂₂ A₂₃    A₃₁ A₃₂ A₃₃
```

图3-2　产品族分类示意

一般来说产品族分类一直到最底层SKU为止。至于分几层（牵涉每一层的跨度），建议按照两方面意见进行权衡：

供应链部门希望颗粒度越靠近SKU越好，实在不行，可以将物料BOM[①]类似、生产工艺相似度高的产品合并在一起；销售部门觉得越细越困难，他们希望越粗越好，因为他们在很多情况下也无法确定客户最后会定哪一个产品。

这时候双方就要坐下来协商达成一致。这里推荐一个权衡的标准：仔细研究客户选型时对参数分步确认的习惯和条件。如果我们的分类方法符合客户的选型步骤的习惯，市场销售部门就相对容易做出比较准确的预测。

我们假设目前一个汽车经销商需要向汽车厂商提供销售预测，以客户选择汽车的过程为例，说明如何把这个过程用于产品族分类。

（1）客户通过到访4S店或网上咨询表达了购车意愿。客户首先确认的一般是预算的大致范围，如30万还是40万左右？其他如SUV还是轿车？是哪个子系列或子品牌？是纯电、增程、插混，还是油车？销售人员希望这些特性是产品族大类的分类依据。

（2）客户开始正式选型，提出如下的选择：几座？后驱、前驱、还是四驱？智能驾驶版还是非智能驾驶版？等等。车企就把这些参数作为产品小类的分类原则。

---
① BOM, Bill of Material 物料清单。

销售人员希望这些特性是产品族中类的分类依据。

（3）最后客户开始选择配置，什么颜色、什么天窗、什么音响，等等。这些可能形成了不同的SKU。客户终于完成了选型。销售人员希望这些特性是产品SKU的区分依据。

供应链部门应该尽可能地按照这个逐渐推进的选型过程来设计产品和产品族分类。在有了产品族分类后，为了让预测能分解成物料和产能需求，企业还需要建立计划BOM体系。

假设A_{11}、A_{12}、A_{13}是SKU，那么它们已经有了物料BOM；另外经过数据分析发现，在A_1中通常A_{11}占50%，A_{12}占30%，A_{13}占20%，则A_1的计划BOM＝$A_{11}×50\%+A_{12}×30\%+A_{13}×20\%$。

以此类推，得出A的计划BOM。

供应链部门一定要建立计划BOM，并对其权重的合理性进行滚动的审视，尤其是在产品改版、新产品推出、老产品退出以及市场发生较大变化时，要及时修改。

在没有历史数据的时候，请市场销售部门给出一个参考的权重比例。

3. PSI的决策顺序

PSI报表一般如表3-2所示。

表3-2 PSI报表示例

月份	1	2	3	4	5	6	7	8	9	10	11	12
P——产出数量	50	45	60	75	80	80	80	80	80	70	60	60
S——出货数量	50	30	60	70	75	90	90	80	85	70	60	50
I——库存数量	0	15	15	20	25	15	5	5	0	0	0	0

我们决定PSI的顺序到底是什么？S在最前，这个是毫无疑问的，但是P和I哪个在前，那就得区分生产模式了。在ETO、MTO、ATO模式下，应该是先S销售计划，再P产出计划，最后是I库存计划；在MTS模式下，应该是先S销售计划，再I库存计划，最后P产出计划。原因很简单，MTS的情况下，应该先根据销售计划确定自己的库存计划尤其是再补货点，再确认产出计划。

当然，事实上是多次循环地修订产出计划和库存计划，因为是循环，所以大家不会太在意先后顺序，但是这背后是思维逻辑和业务决策过程的不同。

4. 把供需不平衡变成供需平衡的行动计划是什么？

通常，我们一开始很难达到供需平衡。在S&OP预备会上，我们需要制订各种纠偏措施以便消除或减弱不平衡，主要包括：

（1）当总体供应＜需求时，供应端需要考虑提升产能、努力增加短缺物料的采购数量；销售端要考虑引导客户选择供应充足的产品，停止或减少促销，和客户商量交期延后，等等。

（2）当总体供应＝需求时，局部时间段不平衡，则需要削峰填谷；往前移还是往后挪，要注意遵从计划策略中的"供需平衡策略"；销售端要考虑引导客户交期提前或延后等。

（3）当总体供应＞需求时，销售端要考虑增加促销；或者供应端削减产能；等等。

5. 还有一些提醒事项

（1）在两次S&OP会议间隔期，可以召开临时的S&OP会议，前提是发现前次会议的决策的假设场景与现在的真实场景偏差严重，导致原定的S&OP计划无法执行。这个偏差可以定义为需求偏差20%以上，供应偏差20%以上，等等。

（2）重大项目计划可以单列。何谓重大？可以自行定义，例如单个项目需求占总体需求10%以上的项目为重大项目。

（3）在业务比较复杂的组织里，建议设置S&OP专员这样的岗位，专门负责整个S&OP流程的顺利运转。

（4）集团型组织的S&OP会议可以分层，例如，子公司S&OP会议和集团S&OP会议，流程中应该详细说明哪类问题在哪一层会议上决策。

第三节　运行S&OP的常见偏差及对策

虽然有了S&OP流程、机制、人力，但是在实际的业务实践中，整个流程总是存在着偏差。

偏差1：所有让S&OP变成鸡肋的原因中，排在第一条的一定是"预测不准"

"预测永远是不准的"，这是句大实话，却成了某些公司预测编制人员最好的借口。有一家企业的销售部门预测的数量从当前到未来总是逐月下滑的，甚至在4个月后的数据是断崖式下跌。笔者问销售管理者是什么原因，他说远期的数据没有销售线索支撑所以预测数量很低。笔者问他：这个数据你认为可能吗？他说不可能。也就是说，他把自己都不相信的数据提交到S&OP会议上来。销售管理部门不愿意承担编制预测的责任，而把自己矮化成为"线索统计与分析"的部门，在这种思想支配下，预测当然是离谱的。

对策如下：

（1）对项目制销售的公司来说，从线索到订单的相关流程没有执行好是根本原因，所以优化并严格执行该流程是最自然的对策选择。

（2）在其他客户比较集中的业务中，加强沟通来获取客户的最新需求是最有效的方法。

（3）客户非常分散且为数众多。例如，客户是大量的消费者，那么采用时间序列分析法和因果分析的预测方法是常选的途径。时间序列是指同一经济现象或特征值按时间先后顺序排列而成的数列。时间序列分析法是运用数学方法找出数列的发展趋势或变化规律，并使其向外延伸，预测市场未来的变化趋势，可以用于对商品销售量的平均增长率的预测、季节性商品的供求预测、产品的生命周期预测等。因果关系分析法，是一种判断事物之间或现象之间因果关系的科学分析方法，也是一种由已知结果寻找未知原因的科学方法。对于这种方法，数学函数起着重要作用，它可使因果关系通过函数关系以定量形式表达出来。

（4）加强对预测的验证。对前两个销售市场形态，在向客户了解未来需求的同时，应该采用定量分析法（时间序列分析法和因果分析）进行验证；对两个结果进行推敲和比较，例如，发现客户或者销售给出的预测数量和时间序列的趋势分析结果差异较大，就应该去深入了解原因，和客户确认这个趋势突变的原因，从而编制出更准确的预测。

（5）缩短每轮预测提交的周期，确保提交最新鲜的预测数据。有的企业整个预测从收集到提交的周期长达2周,也就是说S&OP会议上用的需求数据可能是3~4周前的。在某些行业,3周前的数据很可能已经偏离较多了。

(6)排除干扰,尤其是企业年度业务计划(简称BP)的干扰。有些公司BP中给出了一个很大的预测数字,销售部门在预测时认为完不成,他们的预测数量低于BP的数量,但是因为害怕领导诘问,所以直接把BP数字抄上去。前面的缺口还分配到后面几个月,造成失真越来越大。对这样的问题,建议领导要么去参加销售需求评审会议,一起想办法,帮助销售找到可以完成BP数字的措施;如果没有可信的措施能达到BP的数据,还是要实事求是,否则因为"虚张声势"的销售预测而准备了过多的供应,只会加大公司的损失。

偏差2:供应能力评估不准,造成供应方案失真

可以采取如下对策:

(1)如果是因为产品族基础数据不准确,那么不要侥幸、不要走捷径,而应踏踏实实去准备数据。另外,产能数据的定义模糊、量化不准确也是常见的原因,后面第八章专门介绍产能时再详细展开。

(2)如果造成偏差的原因是因为本身有太多的what-if,需要模拟的方案多、计算量大,建议引入IT工具APS,每个场景每次模拟计算只要几十秒,又快又准确。

(3)管理的难度不在定性管理,在于定量,在于"度"的管理。S&OP的难题之一是如何确定行动方案的"度"。"慈不掌兵"的反面是"过犹不及",强调"执行力""把信带给加西亚"的同时,"人有多大胆、地有多大产"的教训历历在目。例如采购经过努力到底在什么时候买来多少瓶颈物料,这个假设的目标对供需平衡方案有巨大的影响。如果设置过高的目标而实际不可行,供需平衡的目标就会落空。如果设置过低的目标,又好像意犹未尽,会错失商业机会。例如在芯片很紧张的前几年,某企业管理层要求一定要在6月买回来10万片芯片,采购勉强承诺了。整个产能和其他物料都以此展开。结果到了时间,采购只买回来8万片,造成了很不好的结果:芯片以外其他物料的20%成了多余的库存,产能提升却不使用也带来损失。这就是"目标"不科学造成的不良结果。当然要解决"度"这个问题非常难,需要高超的领导力加上对业务的熟悉才有可能。

偏差3：当供需不平衡时，纠偏的行动计划的编制质量太差

对策如下：

如果行动计划质量太差，可能是因为参谋部的参谋工作没有做好。参谋们缺乏训练、缺乏充足的准备时间都会导致这样的结果。要解决这个问题，可以派资深的人员去领导参谋工作会议（S&OP的预备会议）。很多公司预备会议的参会人员的层级太低因而能力不足，其实完全可以安排部分高管参与。另外给予参谋们足够的培训、给予方案编制足够的时间也很重要。

偏差4：决策会议成了数据质疑会议和头脑风暴会，而不是聚焦在"决策"

对策如下：

（1）关键的数据例如销售预测数量等，在会前应该发放给决策层，如有质疑，应该在会前。

（2）委派权威的高层参与前期的会议，例如销售副总参与需求评审会议、供应链副总参加S&OP供应评审会议等。

（3）提升参谋工作会议（S&OP的预备会议）的会议质量。

（4）清晰的会议讨论和决策规则。

（5）出色的会议主持技巧。

其他容易发生的偏差包括：有决议但没有清晰的行动计划，有行动计划没有跟踪与回顾，没有对关键流程绩效指标进行衡量如预测准确率、S&OP计划达成率、行动计划完成率，等等。其对应的改善对策是显而易见的，这里就不细说了。

如果一家企业在S&OP运行时，存在这么多疑问没有搞清楚，这么多偏差没有很好地纠正与预防，指挥棒空舞就是必然结果。在公司级的指挥棒失灵后，计划组织就不得不在更低层级的计划职能层面尽力弥补。这样的话，计划组织纾解困境的空间就更局促了。

第四章
需求计划：桀骜不驯的龙头

第一节　需求来源以及防止失真

传说某巨富少年经商时，开粮店卖米。在一段时间以后，他总是在街坊们快要吃完米的时候主动送米上门。街坊们惊讶于他的贴心服务，自然更偏爱购买他的米。原来该巨富把客户需求管理做得极好，他根据每家人口的状况，估算他们对米的消耗节奏，然后推算他们家需要再次购买的时间，主动送货上门。那些在等客上门的同行如何能与之竞争？这个故事说明了掌握客户需求的一个很大的好处就是促进销售。当然，还有更多的好处，例如更好地交付、更低成本地运作。

需求的来源分为3个层级，分别是使用层、协议层、意向层，如图4-1所示。

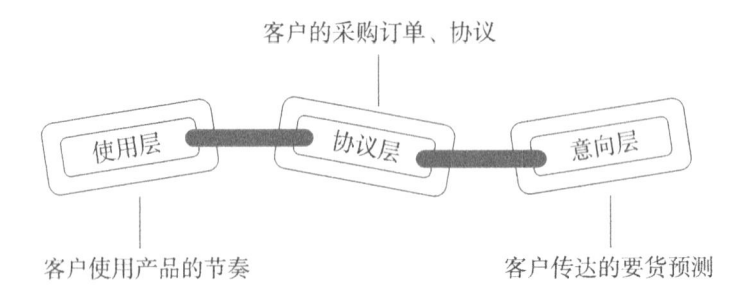

图4-1　需求信息的递进演变

（1）使用层是指客户使用本企业产品的情况。从这个层面获得的客户需求是最准确的，失真最小。它可以表现为客户仓库的领用记录、客户的生产节拍推算的需求等。

（2）协议层是指客户与企业签订一系列有责任约束的协议。协议包括客户下达的采购订单、客户担责的需求预测、库存协议等。协议层与使用层数据相比，最大的失真来自两个方面。

第一，客户的采购频率设置。如果每次购买一个月的用量30台，则协议的需求就可能变成9月1日30台，实际上它的使用层需求是9月1日3台、9月5日2台……

第二，客户的库存策略变化，例如，它可能开始多备库存。这样在供应商那边收到的订单数量在增长，供应商就会以为客户的需求在增长，实际情况并非如此。例如，市场上的某种物料短缺或者预计短缺时，大家都开始抢货，下达越来越多数量的订单，并开始囤货。这时候明明供需之间的真实差距只有很小的5%，传导到市场上的一定是非常严重的短缺，甚至引起恐慌。

（3）意向层是指客户向供应商表达的采购意向，可能是预测，甚至仅仅是针对供应商询问时的一个随意的回答。在我们的商业环境、商业文化中，那种"死道友不死贫道"的不太照顾供应商的企业很多，意向层的数据失真就很严重了。

第一，很多客户向供应商提供需求预测时，不承担任何责任；无责任约束的情况下，很多客户出于自保的想法，会尽力扩大预测数量。很多客户不愿意向供应商提供预测，或者是懒惰，或者是傲慢，或者是他们也不知道自己的需求。20世纪90年代笔者在做理光传真机的供应商时，对方明确承担预测不准的责任并写在合同中。笔者深刻体会到这种"责任心"对整个供应链运作带来的深刻影响。笔者也曾经要求自己管理的计划部门向供应商定期提供预测数据，然而阻力很大，一开始就执行得很差。后来，笔者直接通知供应商，如果拿不到预测则向笔者要。在这种闭环检查的压力下，总算推进了。就这样一个小小的改进活动，实际上是纠错活动，供应商们交口称赞。后来作者又推广"购买方担责的预测"，取得了很好的效果，物料交付及时率大幅度提高。但是令人遗憾的是，只有极少数企业能够实行"买方预测担责"这一有利于整个产业链的做法，多数企业都把责任都推给了供应方，从而破坏了供应链的全局优化。

第二，公司的销售人员害怕交货不及时，或者想向领导表明销售任务完不成是供应链拖了后腿，就故意扩大预测数量并提前预计交货期。在过往的工作中我们发现，我们供应链产能越是紧张，销售人员的预测数量越高。后来我们供应链故作镇定地发出声明，宣告已经解决所有产能瓶颈。话音刚落，销售预测数量奇迹般地立马下降了。按道理来说，产能紧张时企业应该让销售部门去努力协同客户、引导客户。事实恰恰相反，销售员自己或者怂恿客户加入了"抢购和抢占产能"的行列。这也告诉供应链从业人员，在一个不是非常协作的组织中，你最重要的队友很有可能是背刺你的人。审时度势，谨慎应对，才是应有之义。

以上这些失真都是非常典型的牛鞭效应，牛鞭效应是指需求信息从整个产业链的终端向上游传递时，真实的需求波动会在每个环节被逐级放大的现象，例如从门店传递到分销商、再到厂商、最后到供应商。牛鞭效应的成因很多，这里只是论述了其中一部分。

因此，要防止需求失真，我们应该从几个方面入手。

第一，尽可能抓到最下游的信息。有机会的时候，尽量获取最靠近客户末端的数据。B TO B业务形式的公司，要去了解客户的产能、原材料库存等数据；B TO C的公司，要获取终端的销售数据和库存数据，例如门店、电商终端等，而不是只看中间商、中心库的数据，更不能依赖于客户的预测和订单。

第二，预测要验证。预测的来源主要有两种主要途径：一是在产业链中层层传递的，下游客户传递给上游供应商的；二是采用定量分析得到的预测，包括时间序列分析法和因果分析法。我们可以同时采用多种预测的方法，让不同方法带来的预测结果相互验证。当我们发现不同路径得到的预测数据差异较大时，一定要去仔细分析，找到原因，找到那个更靠谱的数字，同时改进我们的预测（如预测模型优化、流程优化等）。

第三，重视预测的管理和考评，对市场销售人员的预测过程、预测结果的准确性都要有双向的激励。笔者曾经推动公司销售老总改变了销售奖金的计算方法（我们是B TO B的项目型销售）。其政策是：销售人员未及时预测的项目而得到了订单（线索或商机阶段没有汇报资料），那说明该订单的取得是偶然的、幸运的、未经努力的，所以销售奖金应大幅度减少；反之，若汇报了很多项目线索和商机，又把赢单概率汇报得很高，造成整体预测偏高（整体预测数量基于的数量是很多个线索和商机乘以赢单概率的总和），则说明销售员的"抢单"能力不强、丢失了很多高赢单率的商机，这样的销售人员也会奖金受损甚至前途黯淡。如此一来，给销售人员上了个双面夹板，只能老老实实去做预测，至少避免了主观的夸大和缩小。

第四，整个供应链的协同，风险共担。这一条做起来太难，但是作为一个措施还是要做介绍。

第二节　需求的变形及本质

需求是什么？绝大部分从业人员可以说出个一二三来，广泛认可的标准情景包括订单、预测、其他独立需求，等等。

实际工作中，除了以上三个来源，需求还有各种变形。需求一旦变形，有的企业对需求计划的识别和处理就会出现迷惘和混乱。

变形场景一： 客户提供大订单（年度、季度、月度等），实际交付是按照客户很多次的具体通知（例如电话、邮件）的数量和日期分批交付。这种情况下，我们所说的客户需求到底是那个大订单还是那些很多次的具体通知？

变形场景二： 客户和工厂合作关系很顺畅，先交付后结算，交付的数量、日期是根据客户看板（或者电话、邮件）来的；没有预测，一开始也没有订单，只在结算时补做一个订单。我们所说的客户需求到底是哪一个？

变形场景三： 客户和工厂采用VMI①的方式进行，工厂自行按照VMI补充库存要求来交货。同样没有预测，一开始也没有订单，在结算时补做一个订单。我们所说的客户需求到底是哪一个？

面对上述林林总总的变形的需求，有些企业错误地处理这些需求。

场景一： 他们把客户的大订单直接输入ERP系统，作为需求去驱动后面的主生产计划。其后果是所有的生产要求完工时间都是错误的，因为大订单上只有一个交付日期，而实际上是分批交付的，整个交付时间跨度可能很长。

场景二： 他们没有在ERP系统中输入任何需求，在开始结算时才补录销售订单。计划部门抱怨销售部门没有需求计划指引他们，销售部门说自己不可以凭空捏造销售订单，双方各执一词。

---

① VMI，Vendor Managed Inventory。是一种以客户和供应商在一个共同的协议下由供应商管理客户的库存，供应商自行对库存进行补充以保证客户的使用。

场景三：基本和上面情况相同，这次他们争议的是该谁去设置VMI的补货点。

为了让他们转变过来，我转换一下客户需求的定义，那就是：

客户需求计划就是客户的要货计划，时间、数量两个要素缺一不可。

明晰了这个概念，我们就很清楚了：

针对变形场景一的客户需求：大订单类似于通常场景下的预测，是总的需求；客户的具体通知就是确认的要货计划。

针对变形场景二的客户需求：客户看板（电话、邮件）中的交付要求就是确认的要货计划。

针对变形场景三的客户需求：这个情形相对特殊一点，实际上VMI库存补货点设置一定是依据客户的预期的需求量、工厂补货周期等确定的。所以真正的要货计划是隐藏在VMI参数后面的"客户的预期需求"。

现在，他们是这样处理的。

场景一：从客户通知交货，到实际交付是有足够周期的，销售部门把通知列为交付计划输入ERP系统；而那个大订单，用作公司中长期规划的输入以及财务结算的根据之一。

交付周期不足够时，需要提前生产的，则在接到客户交货通知以前，销售部门预测客户的要货计划，输入系统，驱动生产。这是一种介于按库存生产和按订单生产之间的方式，前提是对客户的要货计划把握得比较好。否则应对的方法是根据预测大单提前做一部分库存，以满足订单交付需求，这是典型的按库存生产。

场景二：同场景一。销售部门总结客户的要货规律，与客户沟通，然后做销售预测。

场景三：把VMI的补货点设置作为需求计划管理的枢纽。如何计算和设置补货点，我们在物料计划参数的章节中说明。

第三节 需求计划的应用

虽然做出了比较好的需求计划，但还是有很多企业没有充分使用这个需求计划，实在是太可惜了。

需求计划是用来驱动供应链运作的，对S&OP、计划策略、主生产计划都是直接输入，而这些又是生产加工计划、物料计划的输入。对这些应用场景，大家不管有没有实际使用，都是熟悉其内部逻辑和方法的，对此笔者不再展开论述。

在下面的两个业务场景中，大家容易混淆和忽视，造成遗漏或者错误地运用。

第一，在MTS情境和XTO（包括MTO、ATO、ETO）情境下，客户需求运用的逻辑是不一样的。两种情境的对比如表4-1所示。

表4-1　不同情境下客户需求逻辑

要货计划的周期	中远期的要货计划	短期的要货计划
MTS的运作模式下的运用	主要用于策划产成品库存计划和成品补货点，供应链部门负责策划 S&OP中决策的顺序：①需求计划；②库存计划；③生产计划	客户需求不直接驱动生产；库存（实际库存或者可用库存）和库存补货点比对后的库存补充命令产生生产需求
MTO、ATO、ETO的运作模式下的运用	用于策划产成品中长期生产计划，平衡供需、拉动长周期物料 S&OP中决策的顺序：①需求计划；②生产计划；③库存计划	通常是客户明确的要货计划直接驱动短期的生产计划与物料计划编制

第二，客户要求企业做VMI时的需求应用。若客户规定库存再补货点，它会倾向于设置很高的补货点参数以确保其供应安全，这会给企业造成巨大的库存。曾经某公司给国内知名企业做VMI，平均VMI库存周转达到40天，而真正的补货周期只有7天。显然不合理，因为强势的客户设置了高库存再补货点。企业市场销售部门要就这个参数进行谈判，但是市场部门不是专业人士，不知道如何去解释并说服客户。这时候供应链部门要根据客户的需求准备详细的资料，包括补货周期、服务水平、补货点计算方法，给出建议的参数设置方案，帮助或直接参与客户谈判。

需求管理是龙头，就像质量从产品设计这个源头抓起一样，企业的运作要从需求管理开始。但这是一个桀骜不驯的龙头，市场销售部门和供应链部门都要担负起自己的责任，相互配合，坚持正确的做法，不断修正和提高，才有机会去把控这个龙头。如果一家企业不能较好地管理需求计划，供应链的龙头在扭曲，计划组织就不得不在后续的计划上去纠偏，这样，计划组织的工作就会被动，导致整个供应链因此付出高昂的代价。

第五章
主生产计划：五行不定难做主

如果说S&OP的决策是整个公司运营的工作纲领，那么主生产计划就是供应链的工作纲领，是供应链运作的主心骨。很糟糕的是，很多工厂没有真正的主生产计划，主生产计划常常五行不定。五行不定是指：

（1）不定开工日期，只有要求完工日期。

（2）不定合批分批方案，只是机械地照搬每一行交付计划。

（3）不定生产顺序，不管优先级，只有交付日期的先后顺序。

（4）不定生产资源（含外协），不分配生产任务到车间、生产线、外协等资源。

（5）不定缓冲区间，没有给后来的紧急订单等预留产能。

读者还能找出好多"不定"来，六行七行都可以。没有了真正的MPS，供应链也就没有了主心骨。五行不定，供应链恐怕有可能输个精光了。

在主生产计划编制和输出上，到底会出什么样的问题？这些问题到底是怎么来的？怎么防止这些问题发生呢？

第一节 MPS成了克隆体

S&OP的产出计划、主需求计划（MDS）、主生产计划（MPS），本来是计划体系的三个不同的计划，它们来源不一、对象不一、立场不一。然而，在很多工厂里这几个计划长得一模一样，成了克隆体。其实，MDS和MPS至少存在以下不同（如表5-1所示）。

表 5-1　主需求计划与主生产计划对比

对比项目	MDS	MPS
来源	是销售预测、订单之间进行冲销等动作后形成的	针对MDS的需求、再补货点的自动补充需求，统筹安排产能资源后形成
计划对象	销售预测、订单涉及的产成品，包括产品族和SKU，近细远粗	包括产品族和SKU，还包括列为MPS级别的半成品，近细远粗
代表立场	是客户的需求，代表客户的利益	是供需平衡后的综合方案
约束	除非BP、S&OP形成的限制接单命令，否则无约束	考虑了有限产能、物料可获得性等
相互的影响	客户下订单可能受到了"销售的引导"或者"合同交期评审"的影响，即MPS也会一定程度地影响MDS	通常MDS是上游，然后作为MPS的输入的主要部分
计划时间要求	只有要货时间	开工时间+完工时间；可以粗颗粒，不可缺少

即使非常清晰地了解MDS和MPS的区别，还是有的公司计划员把MDS内容几乎不变地改头换面成MPS。

而另外有一些公司，计划人员发现S&OP产出计划与MPS很接近，于是直接克隆前者作为MPS。这也是不妥当的。

虽然S&OP的产出物之一"产出计划"可以非常好地指导主生产计划的编制了，它能初步平衡要货计划以及供应能力，但是笔者要强调的是，产出计划不是主生产计划。

在前面的章节中，我们已经说明，S&OP的产出计划和MPS存在着一些不同，计划展望期、计划的产品对象不同、产品颗粒度不同、计划的时间颗粒度、资源颗粒度不同。

除此之外，两者之间还存在一些不同：

第一，S&OP不会高频度修改（通常是每月一次）即使实际的需求偏离了原先的预测（只有在偏差达到一定程度才会召开紧急的S&OP会议），MPS的主要输入是需求计划而不是S&OP中的产出计划，MPS吸取每一次销售预测和订单的变化，常见的是每周都在滚动更新。

第二，S&OP的供需平衡近细远粗是按周、月、季度平衡的，而实际上一个月内供需平衡，不等于该月每周都供需平衡，所以需要更细致地平衡。MPS的平衡周期颗粒度是比S&OP的更细一个时间单位，是在天、周的周期里平衡的。例如S&OP的产出计划中某产品在6月份完工，而MPS中则更细化为第一周产出，也有可能是第四周产出，相差3个星期。

第三，S&OP产出计划一般不对开工时间作要求，而MPS中开工日期是必需的。因为MPS需要更细致地安排有限产能的削峰填谷、物料交付周期等。它的计划结果整体上是"靠谱的"，所以它可以用来计划一些MPS级的长周期物料，用来答复交期等。

出现这种克隆行为可能的原因之一是企业管理文化导致的。这种影响的表现为：高层不了解主生产计划的重要性、不尊重主生产计划的科学性。有些企业市场与销售端（代表客户端需求）在公司中极其强势，公司文化或者公司最高管理者也支持他们这么做，鼓励（强迫）供应端要"把信带给加西亚"，要"千方百计、尽一切可能"，要"以客户为中心"。只要供应端给出的主生产计划有任何不满足交付，甚至仅仅是不满足短期脉冲式需求和紧急插单，这个主生产计划就会被否定，被批评"没有以客户为中心"。久而久之，供应端工作人员就完全按照S&OP产出计划或者MDS一成不变地编写MPS，实际上MPS也不需要编制了。至于最后MPS做得到、做不到是另外一个问题。如此一来就没有合理的MPS牵引供应链，造成供应链库存高、运作混乱。可是这毕竟是将来的事了，既然领导强调"态度决定一切"，办事的人总是先过了第一关再说。

也有一些企业的计划部长、计划主管直到计划员也许根本就不知道什么是计划工作。他们的工作没有任何再创造的过程，他们的主生产计划就是转发主需求计划、转发产出计划，改头换面换个表头而已。

解决以上"文化"问题的方法是改进企业文化。在企业文化和管理理念中，树立"主观能动性要建立在客观可行的事实基础上"的观点；在各流程环节中，要强调流程的增值，像只是"转发"这样的活动，明显是不增值的，要么改进，要么取消。

MPS仅仅是克隆体还有很多原因，例如数据、方法、工具等，这个后面再来分析。

计划人员本来应该是把主需求计划和S&OP产出计划综合起来考虑后加工再创造，然后编制出主生产计划，它们之间的关系如图5-1所示。

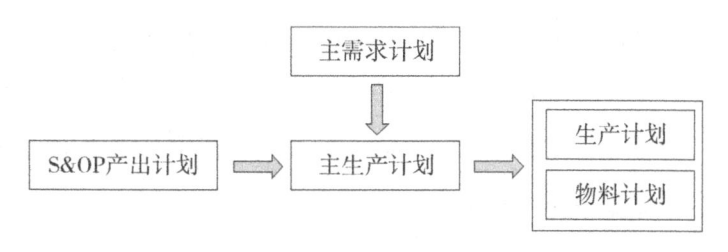

图5-1　各计划之间关系图

第二节　MPS复杂的编制过程

除了上一节所说的与"管理文化""员工意识"等软因素有关，主生产计划达不到预期的要求还有一个硬因素，就是复杂的编制过程。这个复杂在于逻辑复杂+工作烦琐。目前绝大部分公司采用手工（Excel表格）或者ERP来编制MPS。手工编制的困难先不说了，我们先来看一下ERP时代典型的MPS编制过程，如图5-2所示。

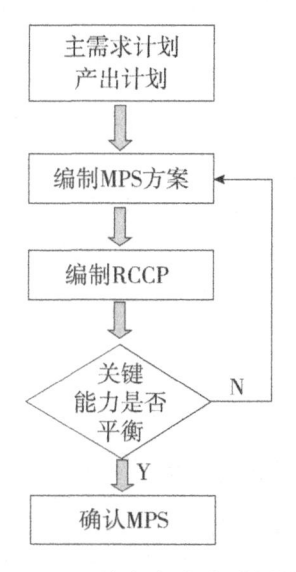

图5-2　ERP系统中主生产计划编制过程

图5-2中的RCCP是指粗略产能规划（Rough Cut Capacity Planning）。在MRP系统中，典型的顺序是先编制一个MPS的方案，我们把它叫作MPS1.0版，然后使用RCCP来检查该方案的产能负荷是否可行，从而确认MPS是否可行。如果不可行，则去修改MPS1.0版到MPS2.0版，再重复以上动作。在确认MPS可行后，MPS主生产计划就确认了。如果计划人员能力不足，这个重复的过程可能是很多次。

更让人沮丧的是，这个过程中，主生产计划仅仅考虑了产能约束、生产能力的平衡，无论排产方向是拉式还是推式，它的假设基础都是基于固定的瓶颈资源。事实上，生产场景要复杂得多，例如：

（1）我们有外协可以作为替补资源，也就是说资源总量本身也是个变量。

（2）不同的生产任务组合需要模拟。

（3）生产周期可以是不固定的。

（4）削峰填谷可以有很多不同的方案。

（5）可能需要考虑长周期瓶颈物料。

事实上，每一次一个自变量的变化，都需要重新模拟。这样一来，计划员很是头大：来回模拟次数太多了！目前看来只有高级计划与调度（Advanced Planning and Scheduling，APS）可以完整地解决这个问题。当APS被运用时，整个MPS编制过程就会被大幅度简化，如图5-3所示。

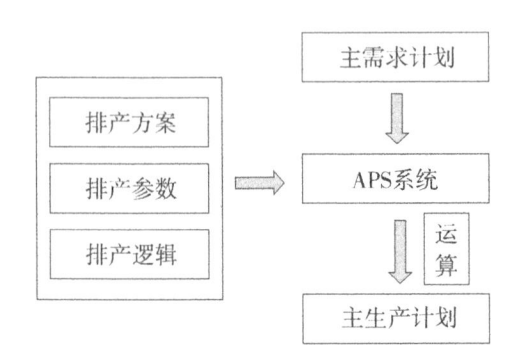

图5-3 APS系统中的主生产计划编制过程

APS是基于有限产能的，计划必定满足产能约束，所以不需要反复模拟RCCP，每次的计划都是符合产能限制的。另外某些公司如果物料供应是瓶颈（例如实体清单中受制裁的企业，芯片是最大的约束条件），也可以将物料的供应计划作为约束条件后编制主生产计划；无论多少约束条件，都可以一步完成。

对于供需平衡，存在着如何最优的问题，在ERP中很难考虑优化（仅仅考虑可行性就已经超出能力范围了），但是对APS来说这仅仅是主生产计划的一部分目标。APS中可选择的优化目标远远超过是否平衡这一条，可以包括多个目标来体现管理者意图。常见的可选择目标包括：及时交付率最高、生产最均衡、产量最高、库存周转最快、交付周期最短、生产成本最低等，这些都要在排产方案、排产逻辑和排产参数里选择或设置。

利用APS编制主生产计划不仅简化过程、减少工作量、缩短编制时间，而且考虑更多约束条件（不仅仅是瓶颈产能，还可以是所有约束限制条件）和优化目标，因此可以编制出可执行的主生产计划（考虑了产能约束）、优化的主生产计划。

主生产计划是工厂运作的"战役前线总指挥"，是"作战大纲"。编制合理的主生产计划是工厂供应链运作的最有价值的活动之一。MPS编制不好，资源准备和协同就无从谈起，企业要么是慌乱地救火，要么是依赖大量过剩的资源（高库存、高产能）低效率地运行来满足客户需求。

第六章
生产加工计划与调度计划：作战命令成了作战指导

计划部门下达给生产部门生产加工计划，尤其是短周期的详细日调度计划时（一般的公司只下达1~3天的调度计划），计划部门大声说"这是命令，生产部门必须执行"，同时还可以动用组织所赋予的权力——考核权，考核生产部门诸如"计划及时完成率"等指标。可是当计划部门瞥到生产部门的冷笑时，计划部门的心就有点虚了，腰杆子一下子没那么硬了，嗓音也低沉起来。计划部门很清楚，生产部门一定会拿计划的可执行性来说事，这是计划人员心底里最深的痛。所以一转眼，画风变了，作战命令变成了作战指导："请生产部门尽量按照计划的要求来办。"这是目前绝大部分企业的现状，甚至大约近一半的企业索性把日调度计划下放到车间和班组了，由车间现场自行调度。

这样的计划生态，最大的问题是计划部门失去了对供应链计划的末端的控制和协调，由此造成以下问题：

（1）生产计划落地不完全受控，容易产生偏差。

（2）无法落地的风险不能尽早识别。

（3）进度纠偏的措施，在车间班组层面进行，不能全局考虑最优的纠偏措施。

（4）问题严重的时候，甚至是先生产后补计划，完全丧失计划的基本功能。

为什么会出现这样的现象？是计划员能力不够？或许是的。是计划员偷懒？这是天大的冤枉。你去看，一般的制造业里，计划部门一定是加班最多、工作最繁忙的部门之一。计划员不是脚不沾地地在到处协调，就是在电话交流中，或者正趴在电脑前仔细计算筹划。

我在2009年接手S1公司的副总经理职位时，就碰到这个问题。车间接到计划部门的生产计划，开始根据当天的生产计划组织生产。从生产准备到真正开始生产前，

第六章 生产加工计划与调度计划：作战命令成了作战指导

他们都花费大量的时间去尝试各种调度方案，发现这个方案行不通，就再想条别的路径。每一个任务结束后开始新的生产任务时，就又是鸡飞狗跳。我邀请计划主管交流，两人一致认为生产部门确实无法严格按照计划来落实生产。很多计划不可执行，往往是计划本身考虑不周，要么忽视了技工的合理分配，要么忽视了模具或者气导棒或者绕线机，要么……所以我们的调研结论是"问题出在计划上"。在此共识的基础上，我们一起梳理关于编制生产计划需要满足的业务规则（那时候我还不知道这个叫约束条件）。以绕线工序为例，梳理的结果简单示意如表6-1所示。

表6-1 绕线工序约束条件

共约100多种线圈	线圈A	线圈B	线圈C	线圈D	其余
绕线机约8类	优选绕线机1；候补资源绕线机2、3、4	优选绕线机2；候补资源绕线机3、4、5	优选绕线机3；候补资源绕线机4、5	优选绕线机4；候补资源绕线机5	以此类推
模具，至少100种	优选模具1；候补资源模具2、3	优选模具2；候补资源模具3、4	优选模具3；候补资源模具4、5	优选模具4；候补资源模具5、6	以此类推
气导棒大约40多种	优选气导棒1；候补资源气导棒2、3、4	优选气导棒2；候补资源气导棒3、4、5	优选气导棒3；候补资源气导棒4、5、6	优选气导棒4；候补资源气导棒5、6	以此类推
技工共18人	张三、李四、王五等共8人	王五、赵六等共6人	张三、赵六共7人	李四、周七等共7人	以此类推
物料之一电磁线	定制化，不通用	定制化，不通用	定制化，不通用	定制化，不通用	以此类推

而整个绕线工序的产出物必须在12小时内被浇注；浇注又有复杂的产能逻辑限制。

一经整理，大吃一惊，每一个线圈从绕线、浇注、烘干、切割，一共需要考虑23个必须满足或者必须排除的条件。我记得当时对计划主管说："这个工作看来是很复杂，不是你的问题，这个问题不是人的脑力可以解决的。"顺理成章地我就去寻找IT的解决方案。后面就有了我导入APS的故事。

从上面的例子可以看出，很多人认为生产计划简单，是应了句谚语"看人挑担不吃力"。其实这是"不了解""不参与""不梳理"内在逻辑造成的错觉。或者是长期处于对计划质量低要求的环境中，要求低了，工作难度自然低了。

由于生产逻辑一般都很复杂，一份好的生产计划和详细调度计划必须满足以下几方面的诉求：

第一，可行的生产计划。只有考虑了所有约束条件的计划，才是可行的。这些约束包括人机料法环，缺一不可。例如与产能相关的资源、和物料相关的资源、工艺的管理规定，以及一些特殊的要求。利用MRP或者Excel编制出来的计划，前提假设都是基于固定提前期或线性提前期公式、一个简单的产能负荷状态供参考，无法周到地、切合实际地考虑这些条件，其计划成果的可行性必然是要打问号的。

第二，优化过的计划。一段时间内相同的生产任务＋相同的资源，可以有无数种排列组合的方案，而方案不同会带来不同的运营结果，例如不同的交付及时率、库存周转率、设备利用率等。在无数种排列组合中找到最好的那一个，是一件极其高难度的事情。

第三，动态的计划。计划的要素，如需求、生产进展、生产资源、物料等都是时刻在变化的，逼着我们的计划要跟着去动态调整，也就是说计划员需要在短时间内例如每半天、每天再科学地、缜密地计划一次。这种工作负荷，如果工具只有MRP系统与Excel，显然是做不到的。

回到开始的话题：生产加工计划与详细调度计划，是作战指导还是作战命令？从愿望上来讲，肯定希望是作战命令。而实际上除了极少数的企业，我们可以判断现状就是生产加工计划与详细调度计划是作战指导不是作战命令。

作战指导和作战命令，一词之差，效果大不相同。加工计划和调度计划已经完全在战术和操作层面了，在这个层面上，重要的是大家步调一致。"作战命令"是必须被遵守的，几点几分到达什么位置、完成什么任务，不可以早也不可以晚。"作战指导"就是模糊的、原则性的，差不多就行。而这样放到一个整体里，每个员工、每台设备就不可能非常紧密地协同起来。在生产与调度这个层面上还无法厘清理顺，工厂的混乱是必然的。这种混乱要么被熟视无睹，每天发生，虱多不痒、债多不愁；要么想改进却愁眉不展、无计可施。只能是主管人员驱赶着生产、采购、计划部门天天紧急救火。即使大家都非常努力，甚至涌现了不少救火英雄，然而运作效率仍然低下，企业所期待的井然有序成了一个美丽的传说。

第七章
物料计划和生产计划：一对难兄难弟

一、物料是计划关注的焦点

在电子、机械、电气设备等绝大部分离散装配型制造行业中，计划员的时间最多用在哪里？答案一定是"在协调物料"。有了齐套的物料，一切皆有可能；物料不齐套万事皆休。"物料、物料"，计划人员念念有词，简直就是心病。当发生问题的时候，主管去找原因，往往发现是物料计划与控制出了问题。

在工厂的考核体系中，一定会有一项指标是"库存周转天数或库存周转率"。库存一般分为产成品、半成品、在制品和原材料。对计划部门来说，只要是按照订单生产的或者是按照公司的产成品、半成品补货策略生产的，一旦产成品的库存高了，板子也不会打下来，至少有销售部门等分担责任，而在制品由生产部门分担责任。唯有控制原材料库存的责任，基本上由计划部门承担，这也让计划部门把更多的目光投向"物料"。

在计划的方法论上，无论是PMC[1]、补货点，还是MRP[2]等，它们往往着重描述的是物料的计划方式，注重于计算出物料的需求计划，很少涉及管理和控制生产计划。因此，物料计划能力往往也是计划主管人员认为的计划专业能力的重头戏。

物料计划就此长期处于关注的焦点中，反之生产计划不可避免地被有所忽略，甚至在很多企业，物料计划成了整个计划组织的全部工作内容。

二、物料计划不顺畅

对没有物料计划经验的人来说，物料计划好像不难。他们认为反正是生产计划

---

[1] PMC, Production Material Control, 生产与物料管控。
[2] MRP, 包括早期的物料需求计划（Material Requirement Planning, MRP）及后期的制造资源计划（Manufacturing Resources Planning, MRP Ⅱ）

拉动物料的需求，生产计划定了，物料需求计划也就定了，不就是把BOM展开计算一下吗？计算的过程用到的数学只有加减乘除四则运算，小学生水平就能完成。这也是很多企业管理层的心里话。因此有人调侃说计划岗位成了公司里很多人"退休前的最后一个岗位"，计划部门成了养老院。而我看到的景象则是更多企业喜欢把生产部的一线工人那些会计算机操作的送到计划部门，其理由一是他们熟悉产品（如果BOM错了、漏了东西他们知道补回来）；二是他们熟悉生产工序（生产部门产能藏私他知道）。还有很多企业把计划岗位视同为文员一类的岗位。主管人员觉得文员类型的员工电脑操作熟练、会说话沟通好、耐心仔细差错少，而且"工资低、跳槽频率低、能忍受枯燥的文案工作"。

物料计划真的是想象中的那么容易吗？当你知道物料计划需要面临下面这些业务场景时，你就不会这么想了。

（1）低库存、高交付，需要高超的技能。我们后面会讲到，这需要掌握很多计划方法的选择、计划参数的确定和管理，需要熟悉库存原理、计划逻辑、计划流程以及掌握计划IT工具的应用技能。

（2）供需两头的易变性、不确定性。无论是来自客户需求端还是供应商这边，都需要很好的方法去判断、去选择、去决断，没有良好的管理经验、不能快速权衡的人就无法准确及时地应对。

（3）多个供应商，价格与提前期不同，受限于采购份额分配、是否来得及赶上交期、价格高低等多个要素，每次选择时往往处于两难境地而难以决断。

（4）一个企业的多地工厂之间相互调用物料是复杂的；它要考虑时间、运费和缺料造成的损失，需要综合权衡。

（5）替代物料至少有十多种常见的场景和逻辑。除此之外，还有一些更复杂的场景，例如只限定在某个特定的工程项目上，才可以用C+D来替代A+B，且两者在每个项目都不可以混用。这样的场景足以让物料计划人员非常难于准确地处理。

（6）企业经常有多版本、多批次物料与产品，如果没有IT工具帮助，做好版本管控与批次管控又是计划工作的难点。例如不同的物料版本分别适用于不同的客户、订单，且不能混用，这样的要求对研发部门来说是一道简单的指令，到了计划部门，就处处陷阱了。计划员一不小心就中招，常常误以为有材料，但实际上却不能用，耽误了生产，计划员只能挨骂了。计划人员尝试去使用IT工具，IT工具需要设置非常复杂的逻辑，又是一件难事；即使功能实现了，这些工具中如何设置、如何动态地维护参数又很难；所有计划该做的事都做完了，只要研发BOM、仓库数据有点不准，栽跟头的还是计划人员。

（7）每一次的产品或物料改版，产品终止生产、物料生命周期终点，需要准确周全地处置。例如，当产品改版或者退出时，那些剩余物料的处理，是再添一些物料凑成齐套后用于生产利用，还是直接报废或转卖更合理，这就需要建立一个数学模型，找到两条曲线的交叉点，同时又要考虑销售的可行性、研发部门的指令，这绝不是一个四则运算就可以解决的问题，至少是大学工科数学功底加上管理知识才能应对。

（8）如果企业数据治理能力不足，例如编码层面不合理（一码多料、一料多码）、BOM结构不合理，计划工作的难度大幅度上升。

（9）执行层面动态的业务数据如果不准确，例如，无效的未完成的采购单、销售单、采购申请单、工单仍然残留在系统里，或者仓库的数据时效性差一点、仓库库存数据不准，甚至有的企业数据不完全可信，那就是难上加难了。

企业如果能够减少产品类型、减少物料种类、减少供应商数量，那当然是物料计划部门的福音。问题是这些事情计划职能无法掌控，短期内也不会有推进效果。物料计划的出路在于信息化，可是一旦走上信息化，复杂的业务逻辑需要认真梳理并被设置到IT工具中，而且需要动态地审视和维护，加上不那么简单的系统操作过程，同时业绩的压力时刻压在头上，计划员无论如何都不能轻松。

看到这里，主管人员应该认识到物料计划不是项简单的工作。如果还不认可这一点，可以直接去试做几天物料计划。理解了所描述的这些业务场景的逻辑，主管人员一定会发自内心地说："物料计划不好干啊！"

三、生产计划也闹心

在前文中，我们说生产计划的逻辑复杂，造成的直接后果就是计划部门越到近日程、要求越来越细的计划就越来越力不从心，所以编制的生产计划越来越难以令人信服。

后文中，我们会讲到产能这个生产计划的依赖要素也是很难清晰、准确地掌握。没有产能这个依据，计划还怎么精确地编制？

除了自己工厂的产能，还得考虑外协产能。如果是企业自己没有的工序需要外协，那还简单一点，就当成是采购了一项加工服务。如果是自己有产能但是产能不足时进行外协，逻辑就会复杂很多。假设任务分配原则是"自己做不完才给外协"，那么问题来了，什么叫做不完？本企业延误一点进度能自己做完算不算"做不完"？如果本企业以该工序为核心再调整一下排产，也许自己又能多做一点吧？本企业波动很大，在需求低谷时，一点都不发外协，外协可能就散伙了，到高峰时又能找谁来支持？因为需要考虑和外协之间运输、检验以及在外协企业处排队时间，本企业需要提前决策外发，但是如果计划改了，原来的外协计划是取消、延迟还是不调整呢？

糟心的是，物料计划和物料采购执行这个本来的供应链队友，经常来个后院起火。辛辛苦苦做完了一版计划，刚想松口气，一个"某物料来不了了，某物料版本不对没法用"的噩耗，让生产计划员的努力全部泡汤，不得不手忙脚乱地去调整生产计划。

另外，生产计划的苦衷还有，就是在绝大部分企业，计划锁定期这个规则是没有的，即使有也是随时可以被大领导打破的。在很多人眼里，计划本来就是可以随意变化的。记得笔者刚到某公司工作时，要求立下计划锁定期的规则，销售们就很不爽，接着笔者被投诉。而没有锁定期，也就是紧急插单可以插在最近的任意时间。而每一次紧急插单，整个供应链系统手忙脚乱是必然的，居中指挥协调的生产计划能不难受吗？更可悲的情景是可能紧急插单没有完成，本来能完成的订单受此影响也延误了，两头落空，这时候板子十有八九还会打在计划人员身上。

四、先有生产计划，还是先有物料计划？

是先有生产计划还是物料计划？这不是先有蛋还是先有鸡的哲学思考，而是计划部门必须确定的一个原则。通常来说远期一点的是生产计划拉动物料计划，近期的是物料计划调整生产计划。

但是一些特例的存在，使得部分从业人员发生了一些混淆。

（1）一些战略储备和风险储备的物料，没有依据生产计划来拉动备料。

（2）一些超长提前期的物料，需要在公司业务计划BP确定时采购。

（3）一些很长提前期的物料，需要在S&OP计划或者主生产计划确定时采购。

（4）基于再订货点逻辑的物料计划与生产计划的关系好像不那么直接。

（5）安全库存拉动的物料补充计划好像不直接关联生产计划。

（6）最特殊的是某种物料被限额了从而限制了生产的总量。例如美国将我国部分企业列入实体清单，明确规定某些芯片的供货数量和供货的节奏。这种情况下，业务场景变成了先有物料计划再有生产计划。

一个企业如果近期的计划对远期的计划继承性很强，那会让整个供应链（含供应商）运作顺畅效率高。如果近期的计划变化很多，但是仍然保持很好的供应链运作绩效，说明能力强，很敏捷很柔性。最糟糕的是企业陷入这样的困境：由于很多事情没有做好，公司远期的生产计划拉不动物料计划，或者长期生产计划到了短期的生产计划已经面目全非。这样的话临近生产时物料齐套性必然很差。然后只能依赖紧急拉料，天天打仗一样。人员辛苦不说，运作效果必然很差。笔者遇到一个企业，由于计划"朝令夕改、一日三变"，而且企业又不承担因此造成的供应商损失。结果供应商的对策就是：收到预测当空气；收到订单做参考（生产计划拉不动物料计划）；供应商何时生产，那得等企业急了催三次以上才开始生产。这样积重难返，即使生拉硬拽满足了客户，也必然是付出了巨大的代价。

第八章
产能：说不清道不明

笔者在S公司工作的后半段主要负责全集团的供应链工作，包括计划、生产、采购、物流职能。几家子公司各自生产不同类别的电力传输设备，而销售部门是全集团平台化的。也就是说，在合同从线索到交付的各个阶段，同一个销售部门面对不同的子公司的计划部门，以便协同完成诸如交期答复等工作。计划部门在和销售部门评审订单交期时，无论计划部门是否有所保留还是真的已经"掏光家底"了，销售部门总是认为对方还有所保留。他们往往持续施加压力以求更好的交期。这是一个双方需要多次博弈的过程。在这过程中，我观察到一个有意思的现象，销售部门和子公司B公司之间的博弈程度是最低的，一般双方很快会达成一致。

为什么是这样呢？笔者带着这个疑问去进行了观察和思考，很快找到了答案：B公司有个关键瓶颈工序叫"真空干燥"。这个工序的关键设备"真空干燥罐"是7×24小时工作的，并且不能中途打开放入或取出产品，整个干燥周期11天左右，产能上限非常刚性。所以计划部门只要把"真空干燥罐"的排产计划展现给销售员，产能负荷状态是很清晰地展现的，销售员马上知道没有余量了，双方的博弈也就结束了。而其他公司，没有这么刚性的工序，就说不清自己的产能负荷状态，双方博弈的时间就大大加长了。很多时候无论供应链怎么做，销售部门都不满意。

所以如果供应链这一端能够清晰地直观地展现产能是多少，这是解决供需双方纷争的有效途径。很遗憾，听起来很简单的事情，现实中却并非如此。笔者曾经多次询问相关人员："你们的产能是多少？"一般很快会有个答案，例如日产100。然后笔者问"加加班120行不行？"回答有些迟疑，"应该可以的"，笔者又问："那月底客户要货多，搞到140吧，行不行？"他们的回答就更犹豫了。这说明一个事实，企业里的产能到底是多少？很多是说不清道不明的。

那么，产能为什么说不清？让我们逐步地演示一下通常的产能计算过程。

我们先假设一个最简单的业务场景，该生产线只生产一种产品，因此避免了不同的产品组合时可能引起的瓶颈变化。我们假设A设备是瓶颈，由此生产线的产能取决于A设备的产出能力。

步骤一：计算产能的核心是时间，我们首先定义各个时间，如图8-1所示。

T_1：A设备的日历工作时间

T_2：计划停机时间

T_3：设备计划外的故障等停机时间

T_4：设备运行中必要的非增值时间，包括换型、换模、换刀、校正等时间

所以设备的真正增值时间 $T_5=T_1-T_2-T_3-T_4$。

| T_2计划停机 | T_3非计划停机 | T_4非增值时间 | T_5真正增值时间 |

T_1日历工作时间

图8-1　A设备产出能力示意图

步骤二：假设单件产品的加工周期是 t_1；计算所得产能就是 $C0=T_5/t_1$。事实上我们往往还会存在一定的其他损失，假设考虑损失后的表现指数是 E_1，则产能变成了 $C0 \times E_1$。然而很不幸，我们不能保证合格率是100%，或许这时候的合格率是 R_1。我们的有效产能变成了 $C=C_0 \times E_1 \times R_1 = T_5/t_1 \times E_1 \times R_1 = (T_1-T_2-T_3-T_4)/t_1 \times E_1 \times R_1$。

通过分析发现：

（1）参数 t_1，如果是流水线、自动化加工设备上生产的，在一定的时间内相对比较平稳。如果是手工生产，那么 t_1 也可能是不稳定的。

（2）对于 T_1，如果是 7×24 小时的出勤，那就刚性了，其他出勤时间都是留有余量的。则 T_1 也是可以变动的。

（3）T_2 则是预先计划的停机时间，也可以压缩或者推后、提前的。

（4）T_3 有一定随机性，T_3、T_4、E_1、R_1 是可以被改善的。

总而言之，我们的有效产能C的计算自变量中有很多的变量，不是刚性的，是可伸缩的。这时候，当销售步步紧逼时，我们的产能就说不清楚了。

怎么办？管理中有一种很有用的思想就是"基于假设的条件来做演算与决策"，通常称为的what-if。那么，如果要说清楚产能，我们首先必须做出假设。经常假设的条件是：

（1）工厂的出勤时间或者是瓶颈设备的出勤时间。例如默认每周5天每天8小时，或者关键设备是996模式，等等。

（2）一般没必要去假设T_3、T_4、E_1、R_1，我们直接用OEE[①]来综合代表。OEE就是用来表现实际的生产能力相对于理论产能的比率。OEE=可用率*表现指数*质量指数。

（3）选取平均的或者典型的t_1值，使其相对稳定。

在这样的假设条件下，我们就得到了清晰的产能数据。

以上说的还是最简单的情形。当生产的产品是100种，从P_1到P_{100}，每种产品节拍都不一样，甚至瓶颈也在随着加工任务的组合而变化，例如，场景一生产50个P_1、生产100个P_2，场景二生产100个P_1、生产50个P_2，同样生产150个P产品，可能的瓶颈都不一样的。

这时，我们创造一个虚拟的产品P_0作为标准产品，实际上P_0可能就是产品族的代号，每一件（吨、箱、米等其他量词都可以）P_0它消耗一个产能单位。而P_1到P_{100}对单位产能消耗全部折算成P_0的消耗数量。例如，我们得到了一个非常关键的产能数字是3000件，我们应该这样完整地描述它：

基于假设的正常的出勤日历和OEE，我们目前P产品的产能是每月3000件（吨、箱、米，等等）。

在这个假设下的产能称为标准产能。现在的描述是这样的：目前P产品的标准产能是每月3000件（吨、箱、米，等等）。

对于标准产能（Cs），我们给出一些定义：

标准产能（Cs）数据是基于假设的正常的出勤日历和OEE条件下，在标准工作日历下现有资源的产能。

与标准产能对应的，我们定义一个短期可扩充产能（Ct）：

---

① OEE, Overall Equipment Effectiveness, 设备综合效率。

短期可扩充产能是在较短时间内即可达到的产能。一般来说是在不增加现有主要资源基础上靠加班、设备增加出勤时间、临时工艺措施等达到的产能，这种产能一般不可长久维持（超负荷运转不可长久）。例如某企业定义可在15个工作日内扩充达到的产能是短期可扩充产能（C_t）。

长期可扩充产能（C_l）：

靠增加资源数量、增加人力、增加班制等达到的可长期应用的产能。通常这种产能需要较长的产能扩充期。

我们举例，某公司的产能可以这样描述（如表8-1和表8-2所示）。

表8-1 某公司产能表

产品族	当期月标准产能（件）	标准工作日历	短期月可扩充产能（件）	扩充主要措施	扩充周期（天）	长期月可扩充产能（件）	主要瓶颈	扩充周期（天）
P_1	300	单班制；5天8小时工作制；A设备7天8小时制	360	每周加班15小时	2	450	激光机	90
P_2	150		175	A设备改成每班10小时	5	220	测试站	90
P_3	100		140	全检改成50%抽检	3	250	模块物料供应	120
P_4	70		90	冷却时间减少1小时	6	150	装配线	90

如果P1、P2、P3、P4有共用资源，还需要进一步核算，变成P

表8-2 P产品大族产能表

产品大族	当期标准月产能（件）	短期可扩充月产能（件）	扩充周期（天）	长期可扩充月产能（件）	主要瓶颈	提升周期（天）
P	600	680	15	850	激光机	90

需要说明的是，我们一般以瓶颈设备的理论产能作为整个系统产能的计算依据。很有可能是无法真正达到的，因为那些整体上不是瓶颈的资源造成瓶颈资源有很多无法利用的时间。非瓶颈设备B可能会影响了A的产出，最后影响了全系统的

产出。还有的情况是不同时间段的瓶颈是在漂移的。假设3个月的生产系统中的整体来看瓶颈是A设备；但是到某一天的P_1产品，系统的瓶颈可能是一个小小的夹具或刀具了。这个夹具、刀具反过来整体上影响了A的OEE。简单而有效的管理方法就是让便宜的生产资源足够充足，使得在任何业务场景下它们都不会成为瓶颈，不影响昂贵的瓶颈设备。精益工程师提供了另外两种解决方案：一是在瓶颈设备之前堆积待加工件，尽量保证瓶颈设备不受影响，这是牺牲库存，需要和前面一个增加便宜资源的方案进行权衡。二是更理想的解决方案是均衡化，一个节拍，资源按节拍配置。但是很多企业由于产品类型差别很大（产品型谱很宽），又要混线生产（产量不足以支撑多条产线分别专线生产），就无法实现均衡化。其实各种方案都有优缺点，需要企业审时度势选择最优方案。

计划部门总是会碰到"步步紧逼"的销售员和高层。他们可能会提出延长出勤时间，可能挑战t_1、合格率、E_1、停机时间等所有影响OEE的要素假定的合理性。计划部门有了明确的如上述案例中的清晰的产能描述，就可以轻松地应对这种紧逼，因为所有基础数据来自非计划部门，例如工艺、生产部门。我们可以快速地和销售达成一致的主张，可以迅速地帮助领导决策是否启动产能扩充计划。如此一来，便是博弈转化为通力合作来寻找解决方案了。

总结语：产能是计划人员展开工作的一个基础数据，很遗憾的事情是很大部分企业还不能清晰地描述自己的产能。这样，一个本来刚性的产能约束，在同事眼里和心里变成了一个可能"藏私"可以博弈的地方。在这样的场景下，计划部门怎么能不被人挑战呢？所以说，产能数据不清晰也是计划部门陷入困境的原因之一。

第九章
库存：请神容易送神难

前面几章在对计划组织的困境分析中，都是对计划的过程进行分析。我们发现每一个主要的计划过程都充满了计划组织难以控制的因素，导致计划组织难以掌控过程并难以取得理想的结果。这些结果通常会包括库存周转次数、库存周转天数等库存指标。那么这一章，就从库存的本质和成因上讲讲为什么计划难以控制库存结果。

库存产生的原因主要是以下几种。

（1）缩短提前期。库存最本质的原因是供应提前期大于需求方要求的交付周期，所以需要依靠库存去满足客户，或者说依赖库存去缩短提前期从而满足客户。如果把这个放大到极限值就很容易理解。例如企业的供应部门聘请了"孙悟空"做员工，从此供应周期只需"孙悟空"拔根毫毛然后说一声"变"就满足了，供应周期缩短到了一秒钟，企业一定不需要任何库存。反之如果企业的客户有足够的耐心（或者企业处在足够强势的卖方市场），客户愿意或者不得不等待你交付而且客户不流失，企业完全不需要缩短提前期因而不需要备库存（只有少量在制品）。

（2）设置缓冲库存、安全库存导致的库存，名义上是为了应付需求和供应的波动，本质上也是为了缩短提前期。因为如果提前期足够，波动发生了再行动也来得及，企业也就不需要设置这一些库存。

（3）规模经济。采购规模经济导致采购方每次购买超过本次实际需求的数量（采购本身是有作业成本的），造成原材料库存；而生产规模经济迫使生产方每次至少生产一定批量，而不是按照实际客户方的采购需求，这会带来生产方的半成品和产成品库存。另外，运输规模经济也迫使供需双方理智地考虑单次交易数量。

（4）最小采购量（MOQ）和最小包装量（MPQ）的要求，造成采购方不得已购买超过本次需求的数量从而造成采购方的库存。

（5）工作错误或者变更造成的库存。例如错误的预测、设计变更、质量异常、计划员计算错误等都可能会带来库存。

（6）由于削峰填谷的原因，生产方特意提前生产，造成生产方的库存。

（7）各种计划外的延迟，例如由于物料不配套而推迟生产造成已到物料形成库存，生产或运输计划异常延误造成库存。或者客户延迟收货，使得已经采购物料或者生产的半成品、产成品不能及时被消耗和发出，造成库存。

（8）必需的在途，例如运输途中、生产过程中，这些过程库存是必然存在的。

（9）投资库存，基于看涨的原因为了获取价格上涨收益而准备的物资也是库存。

（10）风险储备，担心某特定风险的发生造成供应的中断或供应能力下降，而特意准备的库存。例如担心美国芯片禁运，国内很多企业囤积大量芯片库存。

（11）战略储备，为了某个特定的战略目标而储备，例如国家的战略储备粮，或者企业为了某个重大产品的特定市场战略而储备的物资。

我们再换个角度一步步地演练来说明库存的来源。为了简化起见，我们先从最理想的情况开始，步骤如下。

第一，供应提前期全部小于客户要求的交付周期，这时候库存可以为0（只有少量在制品库存），因为我们接到客户订单后再去准备也来得及。

第二，即使客户要求的交付周期小于供应提前期，但是我们的预测全部准确（含需求数量和时间点），在这种场景下我们仍然可以保持零库存（除了少量在制品库存），因为我们按照预测去准备物料和开展生产就是了。后面为了叙述简单起见，某些场景下我们可能忽略在制品库存。

第三，业务变得越来越艰难，交付周期短于供应提前期且不可预见交付时间节点。这时候我们不得不准备库存了（由于总量上我们不需要超过需求数量，只是为了抢时间，我们可以称为缓冲库存）。按照时间轴，我们可能需要准备成品，可能需要准备半成品，也可能需要准备原材料。无论是哪种形态，简单起见，我们都按产成品来计算。为了清晰一点，我们举个例子。例如客户每天需要6个产品，我们的供应提前期是8天，客户希望3天内交货。

经过计算，我们只要准备6×(8-3)=30个作为缓冲库存，来弥补供应提前期长于需求交付周期的差距。具体的交付、产出和库存的变动如表9-1所示。

表9-1 交付、产出和库存变动表

日期	1	2	3	4	5	6	7	8	9	10	11	12	13	14	15	16
交付	0	0	0	6	6	6	6	6	6	6	6					
产出	0	0	0	0	0	0	0	0	6	6	6	6	6	6	6	6
库存	30	30	30	24	18	12	6	0	0	0	0	6	12	18	24	30

总结一下，这时候的库存最高数量，是日需求数量乘以提前期的差值为 D × (L_1 - L_2)；D 是日平均需求数量，L_1 是供应提前期，L_2 是交付周期。

我们利用30个缓冲库存和前3天的供应来发货满足订单，后5天的产出不需要发货，又形成了新的缓冲库存。

第四，现实的情况还更糟糕，这时候你发现企业客户的需求是不稳定的，虽然平均数还是 D_0=6，但是某一天可能是8个，某一天可能是2个，也就是说需求是波动的。这时候企业应对波动的方法是设置安全库存 SS_1。

第五，也有可能需求是稳定的，而企业的供应没有那么靠谱。例如供应商交期会拖期、企业的生产质量不稳定、企业的生产能力没有维护好造成供应周期不稳定等等，那时候企业需要设置安全库存 SS_2 来应对这种波动。

第六，最常见的情形是需求和供应都是波动的，你直观地认为你的安全库存 $SS_3 = SS_1 + SS_2$。事实上，你不需要这么做，因为这个公式对应的是两个波动同时发生，这种情形概率是非常低的。你通常可以使用部分 SS_2 的库存去应对 SS_1 所防御的波动，或者部分 SS_1 库存去应对 SS_2 所防御的波动，因为它们带来的库存是不需要隔离开专项专用的。就像战争中打防御战需要机动防御而不是全部僵化的阵地防御战。但是只有一个 SS_1 或者只有 SS_2 都不够，所以我们经常使用的公式，是一个综合的公式。如何计算安全库存，在后面的章节里再展开。

以上仅仅是考虑了库存成因的第1条和第2条。后面还有几条因素——规模经济、投资库存、风险储备库存、战略储备、最小采购批量和包装批量、必需的在途、削峰填谷的提前生产、计划外的延误都会造成库存。只是这些因素造成的库存，无论是成因还是影响程度，都比较容易识别。

以上分析，理解了库存和安全库存的来龙去脉，其业务假设的前提就是我们需要准时交货，所以需要我们有能力去应对波动的客户需求数量，还要防止供应的提前期突发性地变长而造成的不及时交付。离开这个及时交付的目标假设，也就是说如果企业根本不在意及时交付，那么所有以上的推理、公式推导都是没有意义的。

我们要降低库存，尽量缩短提前期是最有效的方法；或者尽量延长客户要求的交付周期，但这一点太难了。这就是精益生产的核心思想"快"，越快提前期越短，库存自然下降，精益到一定程度，"零库存"就实现了。另外的方法是提升我们的预测能力，假设远于供应提前期的需求预测100%准确，我们也不需要库存。当然，这只是一个假设，事实上是"预测总是不准的""计划不如变化快"。

更让人担心的是，一些不道德的情形在国内比比皆是。那些强势的买方，不去提高自己的供应链运作水准，而是采用转嫁的策略，强逼着供应商缩短交付周期（不是提升自己预测水平而是强行要求、不对自己的预测甚至订单负责、不合理的短交期要求再配上迟交罚款），或者采用VMI的方式让供应商承担所有自己的原材料库存风险。如果计划员所在的组织是这样一个弱势群体中的一员，那么计划组织面临的困境就更复杂了。

面临着控制库存的任务，计划组织能够掌控哪些库存的来源要素呢？悲观的计划人员这么看：采购提前期感觉是采购部门在管；生产提前期归生产部门；预测准确性靠客户和销售；降低供应波动好像还有点路，对需求波动就没有思路了。规模经济是客观存在的，削峰填谷是必要的，非计划延迟本身就是计划外的；其他风险储备、投资库存、战略库存都是公司级的决定。全部捋下来，好像计划组织对哪个都无能为力。但是乐观的计划人员看到的却是不一样的，也许计划人员不能独自掌控这些要素，但是都有机会去影响和改变。不同的心态，一定会造成不一样的计划组织。一个运作良好的企业，一定离不开一个心态良好的计划组织。

第十章
定个目标都左右为难

企业所有的运营活动都应该是目标牵引，然后使用KPI去衡量活动的质量。在供应链体系中，最重要的目标（指标）是服务水平（客户导向）、交付周期（客户导向+过程能力指标）、库存周转周期（财务指标+过程能力指标）。我们一起来看一下，这些指标是如何成为指挥棒，对供应链运作产生巨大的影响的。同时由于这些目标会有很大的牵引作用，企业在确定这些目标时应该谨慎地去权衡。

第一节　客户服务水平

在供应链设计开始时，我们说要从客户需求出发。那么对供应链来说，最直接面对客户的指标就是准时交付率（OTD），一般来说用它来代表客户服务水平。那么OTD又被分为基于客户要求日期的准时交付率（OTDR）和基于我们承诺日期的准时交付率（OTDC）。

有一个很让人担忧的现象：只有小部分企业会真正地去统计OTDR，大部分企业只是统计OTDC（当然形式上他们只有OTD，把OTDC当作OTD）。如果某企业的绩效指标是客户导向的，它一定会选择OTDR，因为只有OTDR才能看到客户的要求，而在OTDC的绩效衡量过程中，客户的要求被忽视或者隐藏了。有的企业仅仅采用OTDC的根源就是他们把OTD仅仅作为用来考核自己内部运作过程的绩效指标。为了"公平"考核，各种所谓异常的场景没有被记录或者在数据加工后再统计。例如他们这样规定：由于客户要求紧急交付造成的不准时不计为延误；只要实际交付周期不超过合理周期就不计为延误；由于什么，什么就不计入。这种现象比比皆是，听起来蛮有道理，实际结果让人遗憾。在本书中，我们的OTD一般来说指的是OTDR。

笔者曾经和多个企业主聊天，问他们这样一个问题"您给供应链设置的OTD目标是多少？"多个企业主毫不犹豫地回答："100%，我们要以客户为中心。"

笔者非常感动于他们对客户的态度，可是心有疑虑，又问了一句："为了100%的准时交付率，您会花（或者已经花了）多大代价，有数据吗？"很少有人可以准确告诉笔者，他们企业准备花（或者已经花了）哪些代价，不仅没有精确数据，只是大概的代价也很难说得清。

诚然，100%的及时交付率是我们美好的目标，我们也孜孜以求。作为一个方向性的牵引目标，笔者认为是合适的。但是在一定的供应链运作水平前提下，如果把100%作为设定指标并牵引日常运作，至少应该事先仔细权衡过它的代价。下面我们来分析一下其中的原因。

当前市场环境下，客户的需求不停地在波动，数量是不稳定的，时高时低；要求的交付时间周期也是有长有短，或者同一客户的订单时而急时而缓。在供应端也可能是问题频发，物料和生产提前期时而短时而长，总体来说需求和供应都有很大的不确定性。企业为了应对需求和供应的不确定性，一般的方法就是设置安全库存。

安全库存到底该设多少呢，与安全系数z成正比关系，而安全系数z与设定的顾客服务水平是直接正相关的，具体如表10-1所示。

表10-1　安全系数设定

顾客服务水平（%）	安全系数z	顾客服务水平（%）	安全系数z
100.00	3.09	96.00	1.75
99.99	3.08	95.00	1.65
99.87	3.00	90.00	1.28
99.20	2.40	85.00	1.04
99.00	2.33	84.00	1.00
98.00	2.05	80.00	0.84
97.70	2.00	75.00	0.68
97.00	1.88	—	—

也就是说，如果服务水平设到100%与98%对比，需要的安全库存是3.09∶2.05，大约是1.5倍。服务水平达到100%与85%相比，需要的安全库存之比大约是3倍。

高昂的安全库存还不是我们要付出代价的全部。如果安全库存是物料，这显然还没有解决生产问题，可能还需要设置极大的产能来满足客户高峰期的需求，这需要很大的投资，导致其固定成本会很高。否则的话，企业需要运用削峰填谷的策略来弥补高峰期产能不足，这样会产生大量的半成品或成品库存。这相对物料库存来说，不仅增加了库存成本，而且丧失了灵活性。因为通常来说物料比半成品和成品通用性强一点，而这一点在这个多变的时代是非常重要的。这两种方案无论是哪一种，都会带来成本上升，要么是库存成本，要么是产能建设成本，或者是两者都上升。

企业投入成本的目的是收益。及时交付的收益换个角度说是避免了不及时交货带来的成本（客户流失、订单流失、客户抱怨等），例如一定比例的丢单（损失了本来应有的收益）。收益和成本总是要仔细衡量的。因此，如果仅从财务角度出发，我们理解如图10-1所示的模型：服务水平超过临界点后，收入上升速度逐渐下降，而成本仍然在增长甚至加快增长。基于财务视角，我们应该取利润最大的点，即中间箭头所对应的服务水平。这个点上左边的边际收益是正值，而它的右侧的边际收益是负值（利润是成本-收入，是两条线的差值，可以看到双箭头右侧，两条线的差额在缩小，代表着利润在下降）。

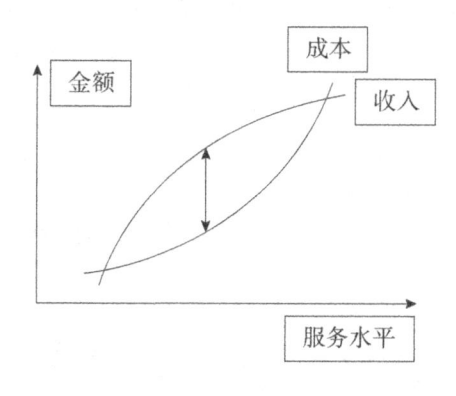

图10-1 服务水平与利润关系模型

当然，真正设置服务水平目标时，肯定不仅仅考虑财务问题，还有战略之市场策略、竞争策略的需求。不同的客户、不同的产品应该设置不同的服务水平。

前面的分析我们可以看到,"以客户为中心"提升自己的服务水平是必要的,但是管理的难度在于灰度,超出能力范围过高的服务水平需要付出高昂的代价,这一点不可不察。

第二节 供应基线

供应基线是指供应链向客户或销售部门承诺的某一产品(或产品类别)的交付周期。它反过来大致就是买方的采购提前期。

供应基线的存在,可以帮助销售人员在售前方便地承诺客户交期或者提供一个参考交期;有些企业可以因此简化合同评审的交期评审(在一定需求数量范围内,大于等于供应基线的合同交期都会直接免评审),因此大幅度提高了合同评审的效率。

供应基线设什么值,首先是要考虑来自客户的要求。

例如,各个客户下达订单的交货周期平均值是x,但是不同的客户或者同一客户不同的订单要求的交货周期具有一定的波动性和随机性。我们假设它们呈现的是正态分布,可能是$x-3\delta$;$x-2\delta$;$x-1\delta$直到$x+3\delta$。(为了便于理解,可以把客户要求的交货周期波动的每一个标准差δ假设为正好是1天;而实际上每一个标准差δ可能是任何数值、1天2天、1周2周都是有可能的。)客户要求的交货期的分布情况如图10-2所示。

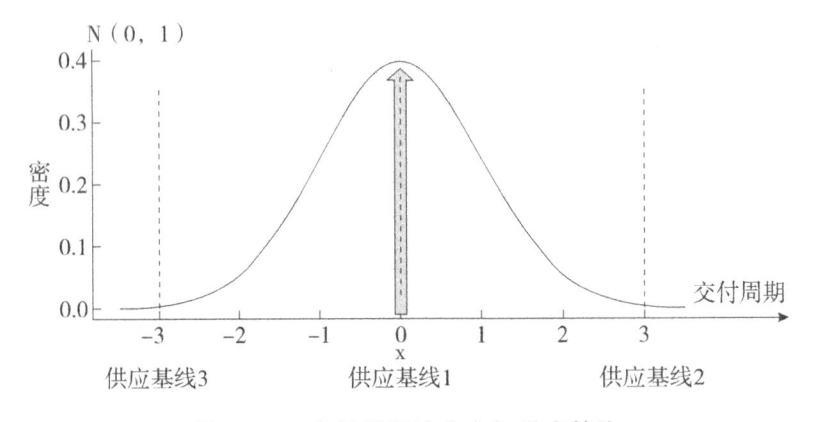

图10-2 交付周期的分布与供应基线

了解正态分布和六西格玛，我们知道如表10-2所示数据。

表10-2 不同δ对应区域面积

±1δ之间区域面积	±2δ之间区域面积	±3δ之间区域面积	−1δ右侧区域面积	−2δ右侧区域面积	−3δ右侧区域面积
68.27%	95.45%	99.73%	84.14%	97.73%	99.87%

我们近似地认为3δ左侧区域面积或者−3δ右侧区域面积为100%。

企业的现状和应对策略分为如表10-3所示的几个场景。

表10-3 不同供应基线时的场景

场景	承诺的交付周期即供应基线	依据供应基线订单交期承诺时对客户的影响
供应基线1	x对应的时间	箭头左侧的50%的客户不满意；客户要求没有满足
供应基线2	$x+3\delta$对应的时间	100%的客户不满意承诺的交期
供应基线3	$x-3\delta$对应的时间	100%的客户满意，客户满意度很高

场景1逻辑上是最容易发生但是却最少发生的场景，因为两头不讨好，无论市场销售端和供应端都不会满意，在实践中这个方案很快会被放弃。

场景2是"保守承诺"，"以供应为中心的"，绝大部分企业是不敢这样确定供应基线的。除非在"卖方市场"，供应方占有强势地位的企业中才会发生。笔者在以前的工作中向一家美资企业订购薄膜卷绕设备，向一家欧洲企业订购环氧树脂浇注设备，他们的交货周期都没有商量余地，长达18个月。因为他们的产品功能和质量确实领先于同行，我们作为买方不得不听从于它们，只能默默等待产品的交付。但是如果企业不具备这种竞争壁垒，而是沉浸在昔日的荣光中而不能看到市场格局的变化，那么企业就危险了。一些贵族化的企业就有这个问题，例如同样向国家电网供应电力设备，我们以前的一个海外同行，就绝不同意接受低于60天的交付周期；而我们作为民营企业，供应基线是45天，最短17天都干过。几年过去后这一家企业基本拿不到国家电网的订单了。

场景3是"以客户为中心的承诺"。看起来很美好，客户很满意。但是有时候可能会给企业自身带来很大的问题。

我们来看看，到底有什么影响。

```
                                    ┌─────────────┐
                                    │  供应基线4    │
                              ┌─────────────┐
                              │   供应基线3   │
                        ┌─────────────┐
                        │    供应基线2   │
                  ┌─────────────┐
                  │     供应基线1  │
           ┌──────────┬──────────┬──────────┐
           │ PLT3采购  │ MLT2部件生产│ MLT1装配生产│
           │  提前期   │   提前期   │   提前期   │
           └──────────┴──────────┴──────────┘
                    └────总提前期────┘          时间
```

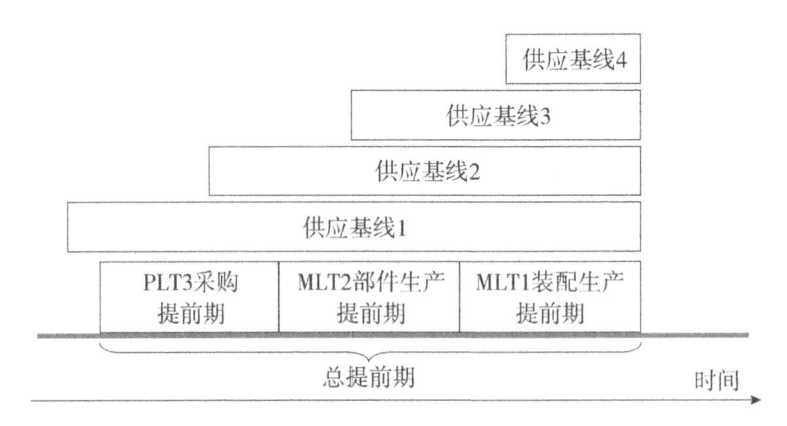

图 10-3　不同的供应基线 vs 供应提前期

假设某企业的物料采购提前期是 PLT3，从物料到部件的生产提前期是 MLT2，从部件到成品的生产提前期是 MLT1。现在根据客户对交付周期的要求，企业设定了供应基线，供应基线有以下 4 种可能的情形。

第一，当处在供应基线 1 的位置时，企业可在获得客户明确的订单时再开始采购物料，然后组织生产。理论上，企业不需要准备物料库存、半成品库存和成品库存。企业可以选择的生产模式为 MTO 或 ETO 模式；当然出于其他因素考虑企业也可以选择 ATO、MTS 模式，就是说企业可以自由选择。这种场景下，除了少量在制品，企业几乎没有库存。企业的 OTD 也很容易达到 100%，只要企业正常运转。这种情形代表了客户很有耐心，或者是企业自身的提前期远低于行业水平。

第二，当处于供应基线 2 的位置时，企业可在获得客户明确的订单时组织半成品生产，企业可以选择 MTO、ATO 或者 MTS 等模式。这种场景下企业必须备有物料，准备那些采购提前期比较长的物料，这给企业带来了一定的原材料库存。

第三，当处于供应基线 3 的位置时，企业可选择的生产模式则减少了，不能使用 ETO 和 MTO，只能选择 ATO 或 MTS 模式。这种场景下企业必须备有部件的库存，或许企业还要备有物料库存。从而增加了企业的库存，企业使用库存的灵活性也降低了。

第四，当处于供应基线4的位置时，企业只能选择MTS模式。这种场景下企业必须备有成品库存，或许还需要备有物料库存和半成品库存。这又增加了企业的库存，同时企业使用库存的灵活性更低了。

以上分析的情况都是没有错位的情况，也就是企业按部就班地工作，根据提前期和供应基线对比，该什么生产模式就什么生产模式，该备什么库存就备什么库存。但是也有企业采用错位的方式，例如供应基线是在$x-3\delta$这个时间周期上，对应到内部的供应周期，它应该采用ATO的模式，也就是要备物料和部件库存。但是该企业就是不备物料和部件库存，企业按部就班能够做到的交付周期，肯定是大于$x-3\delta$。假设该周期是$x-\delta$，那么企业的及时交付率是84.14%。这是一般企业都无法接受的数字，因为16%的订单不能准时交付。然后企业就强行加速，采用紧急订单突击的方式。假设企业还是希望及时交付率达到大约98%，那么大约14%的订单作为紧急订单来突击，依靠突击强行缩短PLT或者MLT来满足交付。企业得到的好处是库存下降；付出的代价是供应链的员工和供应商比较紧张，因为他们需要处理将近14%的紧急订单。这也是很多国内企业正在采取的一个策略。这样的方式不是事先设计出来的，而是基于保守谨慎的资源投入策略（产能、库存等）结合"以客户为中心"的理念下员工的努力拼搏逐渐形成的长期策略。这种突击的场景，绝大多数制造业企业都很熟悉。

当然，突击能力是有天花板的，突击空间不是无限的，太多的突击也不能持久。笔者曾经接触过一家企业，它的产品是每一单定制化设计的ETO模式，因此它无法预先准备全套的材料、部件。笔者大致计算了其总提前期，大约需要4周。但是企业老板向客户承诺的是18天交货，也就是老板决定了供应基线为18天。由于无法通过预备全部材料或者部件来缩短提前期，为了弥补这12天的差距，只能大幅度压缩采购周期和生产周期。这家企业的员工每天狂加班，处于交付旋涡中心的计划部门员工平均在职周期只有不到2个月。这家企业的准时交付率可以想象会多么的糟糕。即使某些场景下短时间突击成功，疲惫不堪的供应链从业人员是无法持续满足客户需求的。

上面讲的情形是企业比较自主地确定供应基线。另一种情形是企业确定供应基线时，完全被客户所左右，没有考虑企业的生产能力。如果企业没有能力通过快速改善来缩短总提前期以便适应这些强势的客户，必然会带来巨大的成本支出。企业不得不提高自己的库存来满足交付的要求，或者动员员工和供应商突击加班，这是很不经济、风险很高的做法。

最佳选择当然是客户满意的供应基线和内部能力确定的供应基线相匹配，或者差距不大，企业通过积极改善运作，从而尽快把能力提升到对应的位置。企业可以用全面生产维护（TPM）和全面质量管理（TQM）来减少自身不确定性，实施精益生产来缩短生产周期，采用合理的库存策略、良好的预测和库存协议来缩短采购周期，甚至帮助供应商实施精益生产和其他改善活动，最终使企业变得更敏捷、更快速。这样既不会造成成本过高，同时又满足了客户的需求。

供应基线到底应该设置成多少？理想的情形下，可以按照如下步骤去确定：

第一步，统计客户要求的交付周期。或许它们是一个正态分布曲线或许仅仅是近似。这里要注意的是企业的客户端的补货间隔周期会扭曲真正需要的交付周期。

第二步，确定企业的目标服务水平，比如98%，企业就要在客户要求的交期里，找到98%的客户或者客户订单希望的交期范围是多少，例如2%的订单希望交期低于15天，98%的订单交期是15天及以上，目标就可以确定为15天。

第三步，检查企业的能力状态。比如，企业现在的成品装配周期是多少？半成品加工周期是多少？不同的物料采购周期分别是多少？这样能找到那个点，就可以推算出15天交货，需要付出什么样的库存？请注意，企业可以根据自己的改善计划来评估，而不一定是根据现状，因为持续改善是应有之义。

第四步，权衡企业要付出的代价和供应基线目标之间的得失，看看有没有其他更优的答案。例如17天可以大幅度降低库存但是大约有多少的订单客户不满意，或者可能需要紧急处理。例如12天可以大幅度提升客户满意度从而大幅度促进销售，但是需要计算付出多少额外的代价。

第五步，进行决策。手上有了17天、15天和12天的可选项，分别进行利弊得失分析，由管理层依据市场竞争态势、客户的真实需求和发展动态、公司的财务利益、下一步改善的可能性等综合判断得出结论。

第六步，在决策以后，如果企业的能力和发布的供应基线有差距，企业需要加快提升速度缩短提前期，否则企业需要常常突击紧急订单，或者设置很多库存。

总之，供应基线考虑的情形包括：一个是客户的要求以及它和你的相对地位；另一个来自企业的真实交付能力。当两者相匹配不冲突的时候，企业运作平稳。当两者相冲突时，企业就面临巨大的压力甚至混乱。

供应基线和服务水平，是供应链对客户的最重要的两个承诺，尤其是在产品功能、产品质量同质化的时代，它们是竞争力的重要组成部分。它们会给供应链运作带来巨大的影响，所以我们要慎重确定这两个目标。一旦确定下来，它们就是供应链计划体系的最重要的工作目标。

第三节　库存指标

很多管理者问过笔者：究竟应该设多少库存才算合理？在没有科学的定量方法之前，管理者只能依据历史数据来推演，比如要求将库存周转率同比提升5%等等。而笔者习惯按照一定的逻辑进行估算来给供应链部门确定库存指标。例如笔者在S公司时，对子公司S3的库存和业务进行仔细分析后，要求当年库存削减50%。刚开始时，包括S3公司总经理等人都吓了一跳，担心库存过低影响交付。年末的时候，S3公司的库存真的下降一半，甚至他们觉得还有余力。所以管理者如果不能基本准确地估算库存，给下属设定合理的库存指标，要么"鞭打快牛"让人疲惫不堪，要么让人"浑水摸鱼""人无压力轻飘飘"从而丧失改善的动力和改善机会。

库存指标采用库存周转天数或者库存周转次数来代表。典型的定义是：

库存周转天数＝期初期末平均库存额/总年营业收入内的制造成本×365

例如，企业一年做5亿元生意，其中制造成本是3亿元，企业的年初年末平均库存是3000万元，那么库存周转天数就是3000万/3亿×365=36.5天。

那么问题来了，库存额的期初期末是哪个期，是指本年、本月，还是本周？上市公司财务报表规定的是年初年末。那些聪明的人立马找到方法了，开始玩数字游戏钻空子。元旦前半月，那些聪明的人开始严格控制供应商送货，没有送货命令不能送货，哪怕早过了采购约定的交付时间；生产部计算好时间，例如生产周期是一周，那么提前一周不再投料，逐渐收尾在制的工单，争取年末在制库存为0；另外催促销售发货减少产成品库存。这样一来当年期末库存和明年的期初库存都会减少，可谓一举两得。事实上，全年下来企业花费的库存成本一点也没有减少。针对这些漏洞，很多企业针对性地做了一些改善，将平均库存额改成取每月月底的数据进行平均。这样供应链人员至少要重视每个月月底的库存，而不仅仅是年末库存。但是问题还是没有得到根本解决，只是年度潮汐变成了月度潮汐，月初大干快上，月末收尾。做过供应链生产的都知道，精益生产系统是希望生产平准化，波动越小越精益。结果一个小小考核，采取潮汐式生产，自我加大波动，与精益背道而驰。其实从考核上要消除这一点很容易，现在有了ERP取数据很容易，按库存日平均额就可以避免这些情况。

还有更偏离本意的情形，例如某上市公司完全按照财务定义，把已发出商品未开票的库存也拿来考核供应链部门。来自某企业供应链总监的库存改善经验分享："今年我降库存指标很容易就完成了。我只是拿着账本催促销售去和客户开票，将发出商品转入销售收入，这样又增加了分母，又减少了分子，又是一举两得。"财务总监很高兴，本来财务部门要去盯着销售开票给客户，现在供应链的人代劳了；总经理很高兴，兄弟们很给力啊；总之大家都很高兴。这样一来供应链的库存改善却被忽视，这显然是不合理的。为了避免这种情形，本书中讲到的库存都是指原材料库存+在制品库存+半成品库存+产成品库存，不包括发出商品，因为前面那些才是供应链应该负责的库存。

前面讲到了库存的成因、服务水平和供应基线，有了这些库存原理上的认识，我们就可以估算合理库存了。

（1）首先我们来分析运转库存。这些库存是供应链在正常运转下的"必需的合理的"的库存。我们来看看合理库存应该是多少。运转库存基本上是"为了缩短提前期"而产生的库存，假设的业务场景如表10-4所示。

表10-4 业务场景假设

客户平均日需求	承诺客户的交货期	从半成品到成品的周期L_1	从原材料到半成品的周期L_2	原材料补充周期L_3	总的供应周期
D=100	L_d	MLT_1	MLT_2	PLT_3	$L_s=L_1+L_2+L_3$

我们在前一节已经定性分析了不同供应基线与提前期对比下的库存的变化。当$L_s \leq L_d$时，企业很舒服，不需要设置任何库存。当$L_s > L_d$时，企业为了满足交期，只能依靠库存来缩短提前期，库存就产生了。那么这些库存到底是什么形式的库存，是成品库存，还是半成品、原材料库存？它们各自需要多少库存？下面我们抽丝剥茧，逐步推演。

我们假设几个数字，D=100；L_d是可变的；L_1=3天；L_2=7天；L_3=15天，则L_s=25天。

企业的产成品补货周期（L）究竟多少天？是L_1的3天，还是L_1+L_2的10天，还是$L_1+L_2+L_3$的25天？这是随着企业的业务策略变化的。例如企业业务策略是准备足够的半成品，则产成品补货周期是3天；如果业务策略上没有设置半成品，而设置了充足的原材料库存，那么产成品补货周期就是10天；如果业务策略上没有设置原材料库存，需要从物料采购开始，那么产成品补货周期就是25天。

第一，当$L_d \geq 25$天时，企业可能不需要原材料库存，库存为0，这很好理解。企业在接到客户订单时去开始采购物料再组织生产完全来得及。

第二，当$25 > L_d \geq 10$天时，企业就需要原材料库存了。这时候的原材料库存是多少呢？假设L_d是24天，企业需要一天的原材料库存对应第24天的需求D。假设L_d是20天，则第20天、21天、22天、23天、24天共计5天的需求需要靠原材料库存来对应。这时候所有的库存是5天，是$D \times (25-20)$了。

第三，当$10 > L_d \geq 3$天时，例如$L_d=5$天，企业就要准备半成品库存。半成品库存是多少呢？如果没有原材料库存，只有半成品库存，显然需要准备的库存是$D \times (25-5)$，也就是20D的需求需要靠半成品库存去满足。推演的逻辑是一样的，结果也是一样的。然而，由于从原材料到半成品完工只需要7天，所以这个20D的半成品库存，可以改为7D的半成品库存加上13D的原材料库存，照样可以满足每天的交付需求。

第四，当$L_d<3$天时，例如2天，企业就必须准备产成品库存，这时候企业采用MTS的生产模式。产成品库存的数量是$D\times(25-2)$。同样，这23D的产成品库存也可以改为3D的产成品加上7D的半成品库存再加上13D的原材料库存。

经过以上分析，我们会发现原材料、半成品、产成品的库存相互是"补位"的关系，只是"补位"需要一定的时间周期。在上游设置了原材料库存、半成品库存，就会缩小下游的产成品补货周期L而降低产成品库存。无论企业把库存放在哪个环节，总数量是不变的，是$D\times(L_s-L_d)$。在不考虑安全库存的情况下，当L_d是0的时候，企业就需要25天的库存，当L_d是1天，企业就需要24天的库存，依此类推。库存可能是原材料、半成品、产成品，需要保证及时交付。库存越往产成品方向走，交付周期越短；库存越往原材料方向走，企业的库存利用越灵活。因为原材料总是比半成品通用性强，半成品总是比产成品更通用。所以库存的其中一条原则是在可能的情况下尽量靠近原材料。当然一些特殊情况，例如产能利用的削峰填谷、原材料要过保质期等情形下，企业会不得不改变这个原则。

在实际工作中，估算企业需要的库存总量时，还要注意两点。①实际上不同的物料提前期是参差不齐的。例如A物料周期是20天、B是15天、C是10天。所以不同提前期的物料的L_s是不同的，应该分开估算。②需要调节的在制品。在制品需要被计算在原材料库存或者半成品库存中。按照多少估算？简单地说，生产周期是7天，在制品的库存周转天数就是7天。事实上是低于7天的，因为除非所有物料在第一天投入，否则的话第二天投入的物料周转天数是6天、第五天投入的物料周转天数是3天。假设每天投入的分别是物料总额的$x_1\%$、$x_2\%$、$x_3\%$……$x_7\%$，总的在制品周转周期是7天$\times x_1\%+6$天$\times x_2\%+$……$+1$天$\times x_7\%$。这个对生产周期很长的企业影响比较大，尤其是贵重的物料在后期投入的业务场景中。

结论：为了满足交付，我们大致需要准备最高为$D\times(L_s-L_d)$的总库存，无论是产成品还是半成品，是在制品还是原材料。前提是D、L_s、L_d是稳定的，如果不稳定，就需要额外增加应对波动的库存，通常是安全库存。

再强调说明一下预测的影响：如果企业能够在足够早的时间内预测到交付需求，它就不需要上述库存。它只要在合适的时间下达指令进行买料、半成品、产成品生产即可，用逆向排产与计划的方法来控制每一个时间点，做到真正的JIT（准时生产）。其实换个说法就很容易理解了，企业提前了L_f天预测到了需求，其实它的交付周期从L_d变成了L_f，把L_f代入到前面的分析中，所有的结论就是一样的。即使L_f没有足够大，它都是有意义的，因为预测生成日期总是早于获取客户订单的日期，即L_f总是大于L_d。预测如果靠谱的话，实际上延长了L_d，这总是有利于削减库存的。

（2）安全库存也是运转库存的一部分，安全库存的计算后面再讲。企业设置产成品库存时，为了防止突发的需求和突发的提前期波动，需要设置安全库存。同样，为了保证半成品对成品的稳定的提前期L_1，需要准备半成品的安全库存。依此类推，原材料也需要安全库存。

（3）必需的在途也是运转库存的一部分。我们可以把它分成原材料的进向物流和产成品的出向物流，再根据客户与供应商的合同（权责转移的时间点是供方出厂还是需方接收的时间点）进行筛选和估算。但是要注意的是前面在设定L_S的时候，可能已经把在途天数计算进去了，那就不要重复计算了。

（4）至于投资库存、战略库存、风险库存我们按照相关决策进行具体个案的分析和估算，例如某战略库存金额600万元，库存保持时间是60天，就可以折算出全年日平均库存增加了600万元×60天/365天约等于100万元。

（5）如果需要估算MOQ、MPQ、经济生产批量等对库存的影响，那就去看每次补充的数量。如果小于这些数字，那么实际的库存应该增加一些。

（6）不准确的需求产生的库存，就要看历史数据并以此来估算。例如S_1公司开始的时候，虽然是依据客户订单ETO模式生产，客户平均会延误一个月取货，一个月的成品库存额再转换为周转天数。

（7）削峰填谷产生的库存，依据年初的BP，经过供需平衡，很容易得出出货计划和产出计划之间的时间差和数量，例如将500万元金额的产品提前了3个月生产，换算成年度平均库存金额就是增加了125万元。

（8）各种计划外的延迟，例如由于物料不配套而推迟生产造成已到物料形成库存、生产或运输计划因异常延误造成库存，根据历史数据来估算。

（9）很多企业往往还有历史遗留的包袱，那些低周转甚至实在无法使用却因为某种理由而不得不留在账上的库存。

分析到这里，我们已经很清晰地了解了如何给一家企业估算合理的库存并设定指标，如表10-5所示。

表10-5 企业合理库存估算

库存分类	缩短提前期库存	安全库存	在途库存	需求不准	削峰填谷	计划外延迟	其他
金额	$D \times (L_S - L_d)$	设为SS	$D \times$在途天数	估算平均延迟天数	$D \times$提前天数	$D \times$平均延迟天数	估算
调节与改善方法	用获得准确预测的提前时间来计算L_d；降L_S、提升L_d	设置服务水平；减小波动	交易条款；降低运输、收货周期	需求管理减少偏差（数量或时间）	更多产能（含外协）替代库存	提升供应商能力、提供预测、TQM、TPM等	策略优化

在以上估算的基础上，把各个分项库存加起来，适当地给予一些余量，就可以作为总的库存指标，以用来对供应链部门提出明确的要求。

最后说明一下，上面的这些库存的计算，是基于D、L_S、L_d是一个有意义的平均值，也就是这些参数的波动还不是太离谱。如果某企业或者它的某类产品，这些具体的数值非常离散，分布非常散乱，那么根据这样的平均值计算出来的"合理库存"也不那么合理。

第四节 不是"不可能三角"

在本章中，笔者一直在说的一个关键词就是"平衡"。服务水平（及时交付率）设得太高，会让库存增加；平均交付周期设得太短，则及时交付率和库存都可能会恶化。讲得多了，难免让人疑惑，是不是这几个指标天生就互相制约和冲突，形成供应链的"不可能三角"。

"不可能三角"，原意是指一个国家和地区的资本自由流动、固定汇率和货币政策独立性三者不可能兼得。这是美国麻省理工学院教授克鲁格曼提出来的，是一个宏观经济学的理论。

在供应链管理领域，虽然很少有人知道经济学的"不可能三角"，但是很多管理人员总是担心削减库存会让交付变得糟糕。同时他可能受到一些压力，因为他的一些下属一直在发出"库存少了交付就来不及了"之类的声音。这让他们感觉有些东西是不能同时满足的。

然而，如果这些管理人员能够静下心来，去研究一下行业内的数据时，往往能够发现那些优秀的企业在三个指标上都可以同时领先于那些一般的企业。用事实说明了这不是"不可能三角"。

笔者想说的是：在某企业的供应链运作水平和供应链外部的环境没有变化时，这确实是一个"不可能三角"。但是只要我们去提升供应链内部运作水平和改善供应链外部环境，这就不是"不可能三角"。这个外部的环境包括：企业的客户是否提供更高质量的需求计划尤其是更准确的预测？企业的产品研发是否模块化更强了、物料种类数量精简了？企业的供应商是不是更靠谱了？供应链内部的运作包括企业的生产过程是否更精益了？企业的生产过程质量管控更好了因而异常减少了？企业的TPM推进得更顺畅了所以生产产出很稳定可控？企业的管理人员都崇尚精益办公从而文件旅行速度大大加快了？企业的计划人员反应速度加快了，整个计划的过程时间缩短了？生产计划更可行更优化了？企业的物料计划与生产计划更协同了？如果这些都没有变，那么你就会受困于这个"不可能三角"，单方面地去要求改进某个指标绩效，就会"按了葫芦起了瓢"。然而企业的外部环境是在变化的，供应链的工作环境是在变化的，供应链本身也是在持续改进的。这一切都会让企业有机会进入一个更高层次的平衡。

哪怕企业只是在供应链内部的计划领域的改善，就完全有机会达到一个更高的平衡点，这一点基本适用于所有的企业。有些企业计划人员就是固执地抱着类似"不可能三角"的心理，认为自己的供应链很难去改善了。这样的企业，通常他们不是真的做得很好而没有改善空间了，恰恰相反他们往往做得非常糟糕，只是他们的领导和他们自己不知道这个情况而已。所以,真正的"不可能"不是来源于这三个目标之间的冲突,而是来自缺乏改善的动力和职业荣誉感,缺乏专业上的见识和技巧,缺乏承担责任的勇气。

怎样通过计划领域的改善,让一个企业供应链运作进入一个更高的层次,这就是本书的意义所在。

中篇

计划的本质、参数与方法

第十一章
计划业务的本质

本书前面描述了计划业务面临的诸多的困境。应该来说计划面临的困境不仅仅来源于管理层和客户的高要求，更源于计划业务相对于其他业务与众不同的特性。找到计划工作的与众不同的特性，或许就能找到计划工作问题和困难的根源，进而找到解决困境的根本方法，也就是计划业务根本改善之道。

导入过 ERP、CRM[①]、MES[②]、SRM[③]、PLM[④] 等管理软件系统的人都知道，这些系统中最难于上线的是 ERP 中的 MRP。ERP 用户企业中，能持续使用 MRP 模块的估计不到三成，而采购、仓储、财务等模块几乎都能使用。这反映了 MRP 很难。如果有人还导入过 APS，他一定知道 APS 与 MRP 相比难度又是级数的增加。这种直观的实践中的感受，也从某个侧面证明了计划业务的难度是"遥遥领先"。

注意到了这些情况后再努力思考一下，我们就会发现一些端倪。除了 MRP 和 APS，其他的 IT 系统都是"流程承载型"系统。只要企业内部和实施顾问在流程上达成了一致，流程承载型的 IT 系统都能实现。区别是花的时间多和少、定制开发工作量的大和小。这些流程中的复杂业务场景只是面临多个选择时需要做推理和选择，可选择项也就 2～3 个，一般来说做一个相对简单且直观的判断和选择就可以了。例如当检验工序判定某物料不合格，就有三个选择"退货、返修、让步接收"。一旦做了选择，无论是退货、返修还是让步接收，后面的流程都已经预先设置好了，业务继续沿着这个预设道路前进就行了。整个过程特别像道路和交通管理。先流程设计（如道路设计和交通规则设计），再流程固化（把道路修

---
① CRM, Customer Relationship Management, 客户关系管理。
② MES, Manufacturing Execution System, 制造执行系统。
③ SRM, Supplier Relationship Management, 供应商关系管理。
④ PLM, Product Lifecycle Management, 产品生命周期管理。

好、把交通信号灯设置好），然后流程执行（司机们在交通信号灯提示下，沿路行驶）。

MRP和APS所对应的计划业务却完全不一样，特定场景下可选择项成千上万，这时候靠交通信号灯找到选择项就不太可能了。想要通过直观的信号再加上简单的数学计算，就能让计划员做出正确的判断和选择，这显然不现实。在计划的过程中，计划人员需要运用大量的数据、复杂的逻辑推理和运算转换规则才能找到正确的答案。这就是计划业务所独有的特性，是和其他业务都不同的地方。

用什么样的精练的词语来描述这个计划的独有的特性？我们回头再看看"计划"这个词。《新华字典》这样说的：计，是"核算、计量"或者测量或核算角度、时间、温度等的仪器；划，是"合算"，是按利益情况计较是否相宜，是权衡利弊的意思。从中可以看到计划的本意是要去量、去算、去权衡，所以计划的独特性是"计量、核算、权衡"。

这里笔者把整个"核算、计量、权衡"的过程结合计划业务描述一下，如图11-1所示。

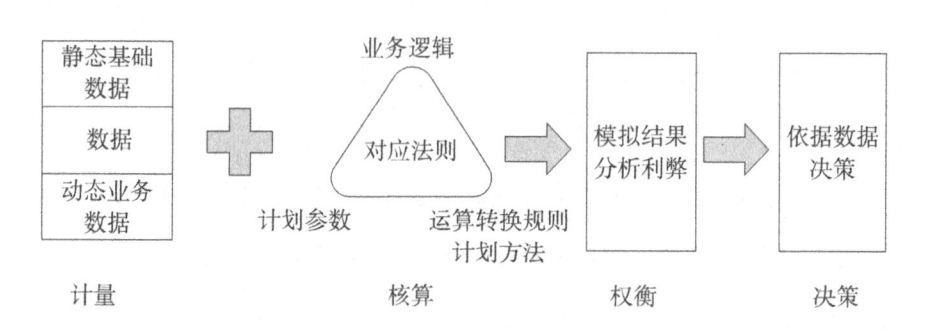

图11-1 计划的独有特性：计算

"计量"是为了获取准确的数据。现代社会分工大合作，很多数据来自协作部门而不是计划业务部门自己去计量。例如常见的生产进度报告、物料预计到货日期、客户需求预测等，这些数据的准备过程都是计量的过程。

"核算"，是一个计算过程，这个计算中运用到了很多包含业务逻辑、计划参数和数学运算转换规则。计划的整个过程特别像数学函数。数学函数的含义是$y=f(x)$，其中x为自变量，y为因变量，f为对应法则，随着x的变化，y遵循对应法则f发生变化。在计划业务中,整个计算的过程是一个多变量函数,$y=f(x_1, x_2, x_3, x_4, \cdots x_n)$。输入的数据例如库存数据、销售订单数据、制造BOM、资源数量和出勤日历都是自变量,是x;而输出的结果就是编制出来的计划则是因变量,而中间就是对应法则f。

图11-2 计划函数$y=f(x)$

1.计划业务的对应法则主要分成3部分

(1)业务逻辑。例如最简单、最常用的逻辑是先交付的先完工、生产线不足时可以外协、OEE尽量高等都是业务逻辑。还有很多其他逻辑,这是计划业务复杂性的主要表现。

(2)计划参数。例如业务逻辑上有一条是A类客户优先,那首先需要知道A类客户是哪些。A类客户清单就是计划参数。

(3)运算转换规则。例如开工日期=完工日期-生产周期,这是逆向排产的运算转换规则;也有正向排产的运算转换规则,是完工日期=生产周期+开工日期。运算转换规则怎么来的,就是从业务逻辑、计划参数、基础数据、业务数据中经过数学逻辑的处理得到计划输出,这个数学逻辑就是运算转换规则。

2.计划业务主要体现在以下几个方面

(1)多个自变量本身的复杂性。计划业务场景不是只有一个自变量,而是有很多个自变量。产品种类、资源种类、工艺路线这些是基础数据。订单数据、采购订单、仓库数据、各类订单进展状态等都是动态的业务数据。

(2)对应法则中的计划参数也非常复杂。计划参数之间可能就存在自变量与因变量的关系,甚至有可能包含了复杂的函数,也就是函数里面还有函数。例如某企业没有A类客户清单，但是有一个规则：年销售额大于1000万元的客户是A类客户，否则是B类客户。这时候计划参数"客户类别"成了因变量，来源于自变量——客户的销售额和对应法则"年销售额大于1000万元的客户是A类客户，否则是B类客户"的共同作用。

（3）对应法则中的运算转换规则可能是表达式，也可能是数学公式、数学函数，数学函数里可能还含有下一层的数学函数。上面讲的完工日期=生产周期+开工日期是个简单的加减法数学公式。但是在排产时，需要复杂的排序和调度才能得出准确的完工日期，这时候的运算转换规则就是复杂的函数集了。

（4）在实际计划业务过程中，不必每次核算都重新整理运算转换规则，很多运算转换规则和函数可以设置成可复用的。例如Excel里就有大量函数供大家调用。APS软件中也有很多函数与表达式可以使用。为了使用更方便，把表达式和函数封装为功能模块从而可以调用。实施顾问和用户经过学习知道这个模块是什么功能，引用这些功能模块就可以了。把很多业务功能模块组合在一起，以便完成一系列逻辑复杂的运算转换，对应某企业的某个大类的业务场景（例如A公司的主计划业务），再加上数据的调用和发布的功能，功能模块组合+数据的调用和发布的功能就是模型了。软件中函数功能越丰富、函数越符合实际计划业务场景中的运算转换规则，就说明这个APS软件的功能更强、适用性更好。

（5）整个计划的"核算"过程，就是输入成千上万个不同类别的数据即自变量，根据对应法则，进行逻辑推理与数学运算等，从而得到因变量——计划成果。

核算完成之后是权衡，权衡是对多种结果的比较分析。由于生产计划和物料计划的业务假设是多个，例如分别假设某小组员工出勤5天和6天，对应法则也可以是很多个选择（例如以交付及时率为最重要目标或者以总产出数量最大为最重要目标等），这样至少形成4个计划输出物。计划人员需要对很多模拟结果"是否合算"进行权衡。例如员工出勤5天，好处是节省了加班费；但是比起出勤6天，坏处是5个合同就不能及时交付了。生产计划是一个结果总是留有缺憾的工作，没有完美的计划能够让所有的绩效指标都做到最好，只有相对最优，所以"权衡"是计划工作中的一个重要环节。

"决策"，在权衡利弊的基础上最终需要做出选择，无论是计划人员做决策还是其上级做决策，这都是计划工作的一部分。

这里总结一下计划业务的独有特性是"对业务数据进行计量（还要收集、整理）；进行核算并得到多个可能的结果；然后对多个结果进行利弊权衡；决策选择最优的结果"。从这里开始笔者把这个特性简称为"计算特性"。"计算特性"中最难又最有计划业务特点的是"核算"这一步。理解了这个特性，读者就能理解为什么华为这样的企业招聘计划员的学历要求是"211工程硕士"。不是华为财大气粗故意低职高配，而是因为华为对计划业务本质有着深刻洞察。相比之下，很多企业就是转不了这个弯，看不到计划复杂的计算特性，所以忽视计划员的能力素质。他们往往觉得只要熟悉公司产品和生产过程的人，加上电脑熟练一点，就可以做计划员。但是如果有人去调研这样的公司，他很容易发现这样的公司里，它们的计划体系甚至整个供应链体系的运作水平一定是不太好的。计划业务好比我们智力类体育运动的项目，例如围棋、国际象棋、中国象棋等，特点就是入门容易精通难，要精通，就要有非常复杂的计算。可惜的是因为入门容易，谁都可以比画两下，就被忽视了"复杂的计算"。一旦企业管理人员忽视了计划的特性，他们就不能正确地排兵布阵，想要让内部计划工作顺畅高效，那只能是一厢情愿了。正确的认知才是解决问题的开始，错误的认知只会使局面更糟糕。

我们再看看计划与其他业务活动共有的基本特性。管理学中认为管理包含了计划、组织、领导、协调、控制等，计划本身就是管理活动最重要的组成部分。所以企业中的计划业务的活动肯定就是最基本的管理活动，计划业务本身也具备一切管理活动的特征。由于企业中一般都是通过流程对管理活动进行描述、规范，管理离不开流程的观念也深入人心，所以在本书中笔者把计划业务的这个特性简称为"流程"。

计算特性和流程特性其实不是简单的加法关系，更不是各自孤立地存在，而是紧密结合的。我们以与众不同的"核算"为例，来展开说明"流程"和"计算"的结合点，如图11-3所示。

```
        计划活动
          ◇
业务逻辑  流程    计划参数
          核算
          ◇
        运算转换
```

图 11-3　计划的两个特性的关联性

最简单的流程的定义"流程是许多活动的组合",阐明了流程的主要要素是活动。计量、核算、权衡、决策本身就是一些重要活动。在每一项活动中,又可以细分出很多小活动。计划中的"计量""权衡""决策"的活动,和其他非计划业务的类似活动没有太大的差异,唯有"核算"是非常与众不同的一个活动过程。也就是说"计算"本身就是计划业务流程的一部分。

在流程管理中,企业强调流程活动必须遵守流程业务规则。在计划业务流程中,这些业务规则有些是定性的,用来做判断用的,例如产品类别;有些是定量的,不仅用于判断,还可能用来做量化计算用的,例如跑MRP是1周1次还是1周2次。计划业务规则的最主要组成部分是计划的业务逻辑和计划参数。计划业务逻辑和计划参数是相辅相成的,很多逻辑需要有参数才能说明和展开;同样没有业务逻辑,计划人员就不知道需要什么计划参数,即使有了参数也不知道用来做什么事情。例如计划规则说:同产品族的尽量连续生产。整句话是一个业务规则,有清晰明确的业务逻辑。支撑这个业务规则的是一个参数:产品族。该规则落地的前提是要能够清晰地识别每个产品的产品族属性,这个产品族属性在此处就是一个计划参数。又例如有业务规则说A类物料的物料需求应该合并1周的并一次性采购,而B类为2周。这个规则,整句话就是一个业务逻辑,需要几个参数支撑:物料的ABC属性、1周或者2周这些定量的参数。

事实上,只要有计划业务,就有计划流程,就有计划业务规则,计划业务规则中的业务逻辑和计划参数客观上也是必然存在的。同时"核算"不是天马行空的,而是紧密结合业务的。"核算"需要业务逻辑和计划参数。计划的流程特性和计算特性在"业务逻辑和计划参数"处紧紧握手了。

把计划的两个特性加起来，计划的本质就是"流程+计算"。换句话说，计划的本质是具有很强的复杂计算特性的管理流程。

3.重新描述计划的特征

（1）企业的计划业务本身是一项管理活动，计划业务具有流程特性。计划业务流程中包含了计划业务规则，这个规则包含了计划业务逻辑和计划业务参数。

（2）由于计划业务的复杂性，计划业务包含复杂的计算。计算过程就是"收集整理数据；利用由业务逻辑、计划参数和运算转换规则共同组成的对应法则，对各种假设场景下（if）输入的数据进行模拟处理，得到可能的结果（what），再权衡利弊，并依此做出决策选择"。

（3）整个计划业务的本质就包括了"流程"与"计算"两个特性；两者互相依存，缺一不可。

在制造业企业中，除了研发职能需要复杂的计算，其他无论是采购、生产、物流、销售都没有计划职能这样复杂的计算活动。即使在人们的心目中"会算账"的财务部门，其业务活动中涉及的"计算"远比计划业务的"计算"简单。可惜的是绝大部分人不知道计划业务中存在这个"复杂的计算"，甚至连有的计划领域的老员工自己都不知道"复杂的计算"。

本书对计划业务的"计算特性"的提炼和强调，是希望大家一起推动更多的相关人员尤其是各企业高管们对计划业务的难度有新的认知并逐渐形成社会的共识；希望这是计划业务被更多的企业"战术上重视"的开始；希望是找到计划根本改善途径的起点。

第十二章
物料计划参数

有一个很值得研究的现象：不同企业的计划业务流程是非常相似的，都是包括S&OP流程、主需求计划流程、生产计划流程、物料计划流程，等等，而且每家流程中的活动都是很相似的。从工具的角度来看，企业无论是用哪一品牌的ERP系统，MRP的运算转换规则是一样的；如果不同的企业都采用看板，看板的运算转换规则又是一样的。那么为什么不能直接把A公司的计划类作业流程和作业指导书、在管理软件中的IT设置等直接复制到B公司呢？供应链计划管理人员从A公司离职后加入B公司，即使这两家公司产品类似，计划专家和计划骨干在优化流程和试图运行MRP时，仍然有很大的失败概率呢？

大家议论纷纷、各抒己见，总结出A公司和B公司很多不一样的地方，例如业务管理水平基础不一样、企业文化不一样、数据基础不一样、员工不一样等，这些都对。如果限定在计划独有的本质范围，企业不同、产品不同等，任意一个不同，以下要素可能就不同了。

（1）不同企业的业务逻辑可能类似但是必定不相同。物料计划相关的逻辑会相似度高，而各类生产计划相关的逻辑则差异性大，越是详细的计划越是这样。各类生产计划包括了产出计划、主生产计划、生产加工计划、详细调度计划等，其逻辑相似度是按这个顺序递减的。

（2）不同企业的计划参数必然不同，无论是物料计划参数还是生产计划参数。这里我们开始把计划参数以应用领域的不同分成两大类，物料计划参数是指在编制物料需求计划时需要应用到的计划参数；生产计划参数指在编制各类生产计划时需要应用到的计划参数。部分参数是两边共用的，比如生产制造周期、生产经济批量等，那么它们既是物料计划参数又是生产计划参数。

（3）物料计划运算转换规则可能相同也可能不同，而生产计划运算转换规则肯定不同。

由于这些不同的存在，在计划业务上如果有人机械地去照搬照抄标杆企业，必然是"刻舟求剑"，不可能取得好的业务结果。这也解释了一个现象，就是在APS实施领域，只要一到车间详细调度计划，需要APS软件提供非常多的运算转换规则而不是就那几个常用的函数供选用，许多APS软件就支撑不了。同时即使使用同样的APS软件，APS项目组成员还是可能把控不住。因为在这个计划层级，业务逻辑已经非常个性化了，A公司软件中的各种设置不可复制粘贴到B公司的软件里，而必须针对各企业特点重新去整理、提炼逻辑、设置参数、配置各个对应法则。

第一节 物料计划参数概览

物料计划参数是指在编制物料计划（物料泛指产品、半成品、原材料）时，与物料相关的各种计划特征的集合；换句话说就是特定的计划参数是某个或某类物料所具有的某个特定的计划特性。确定计划参数的不仅仅是该物料的物质特性，而且包括供应特性、需求特性、管理赋值。

（1）物质特性，是物理特性和化学特性等物料本身的特性，是非常直观、客观的，可以直接收集，例如体积、形态（固体、液体）、保质期等。

（2）供应特性，是指物料的供应商或者生产部门给予的计划特征，例如采购周期、生产周期、经济批量、最小采购量、最小生产批量等。这些特性，在一定时间内相对固定，具备一定的刚性，但是又具有一定的弹性，也就是可以做一些商议、调整。

（3）需求特性，通常是物料被使用被消耗的一些计划特征值。如果是历史的需求特性，则可以根据数据分析获取，如果是未来的需求特性，则需要根据未来的需求预测来分析独立需求并展开关联需求。例如某物料的平均日需求量，就是一个典型的物料需求特性。

（4）管理赋值，是企业为了更好地满足供应链运作的要求而加给物料的计划特性。这类特性，是为了实现管理意图而设置的。例如企业规定某物料一个月采购一次,"一个月一次"的采购频率就是一个管理赋值。

我们把很多的物料计划参数分别称为物质特性类物料计划参数、供应特性类物料计划参数、需求特性类物料计划参数和管理赋值类物料计划参数。物质特性的物料计划参数是完全客观的。管理赋值类物料计划参数是主观的,虽然它们的来源包括了一部分客观特性。供应特性与需求特性类物料计划参数居于中间地带,它们在某种业务情境下是相对客观的、不可随意改变的,然而业务情境却是可以改变的,该类物料计划参数则随之会改变。

对于物质特性的计划类参数,我们不会去展开讲如何管理这类物料计划参数。需求特性、供应特性、管理赋值类物料计划参数的物料,即使是同一供应商的同一物料,这个参数值在不同企业内也是不同的,而且在同一个企业不同的时期也是不同的。这类物料计划参数的确定,不只是询问和协商,有的需要统计分析,有的需要计算,有的还需要专家判断、赋值。在发生延误交付、库存太高等问题时,要去复盘并可能调整物料计划参数值;还要依据业务的变化主动去动态调整各种参数。这些参数值的确定、动态调整的过程是有较高的供应链管理技术含量的。企业应该授权有资质的人员去负责物料计划参数,确保物料计划参数的合理性。

下面我们列举一些比较常用的物料计划参数,如表12-1所示。

表12-1 主要物料计划参数特性分类与清单

序号	物料计划参数名称	特性分类	序号	物料计划参数名称	特性分类
1	体积大小	物质特性	12	生产经济批量	供应特性
2	存储周期	物质特性	13	制造属性	供应特性
3	物料使用量、需求量	需求特性	14	安全库存	管理赋值
4	使用频率	需求特性	15	最小库存	管理赋值
5	用量波动性XYZ	需求特性	16	最大库存	管理赋值
6	采购提前期	供应特性	17	物料ABC	管理赋值
7	最小起订量	供应特性	18	采购频率、订购间隔期	管理赋值
8	最小包装量	供应特性	19	物料通用性	需求特性
9	生产周期	供应特性	20	经济订货批量	管理赋值
10	交付周期	供应特性	21	再补货点	管理赋值
11	损耗率	供应特性			

同时，这里对这些物料计划参数做一些定义和简单说明。如表12-2所示。

表12-2 物料计划参数的定义与说明

序号	物料计划参数	定义与说明
1	采购提前期	◎针对外购和委外的原材料，是指供应商接到订单到供应商交付的周期。为了简化起见，把以下的周期合并在一起称为采购提前期：PR转PO周期+供应商确认PO周期+供应商生产周期（含采购）+供应商送货周期+买方收料周期+来料检验周期+买方入库周期 ◎采购提前期可以包含固定部分+随着采购量的增加而增加的变动部分。如果存在变动采购提前期，需要维护变动期增量和采购量增量
2	最小起订量	◎Minimum Order Quantity（MOQ），针对外购和委外的原材料，与供方商定的最小订单数量
3	最小包装量	◎Minimum Package Quantity（MPQ），针对外购和委外的原材料，供应商所提供物料的最小包装数量
4	生产周期	◎针对自制件，从生产订单/生产任务单下达开始，到该物料生产完工入库的整个周期。一般可以将生产周期细分为如下几个阶段：生产订单/生产任务单下达周期+仓库配料/车间领料周期+车间生产周期（含检验）+入库周期 ◎生产周期可以包含固定部分+随着生产量的增加而增加的变动部分。如果存在变动生产周期，需要维护变动期增量和生产量增量 ◎生产任务排队时间对生产周期影响很大，很难设定参数来表达
5	交付周期	◎是向客户交付产品的周期时间，指从接到客户订单到产品交付的整个过程周期 ◎供应链承诺的总体上的标准交付周期是供应基线 ◎针对客户订单可承诺的实际的交付周期一般是变动值
6	损耗率	◎生产过程中损耗的比率
7	生产经济批量	◎针对自制件，换线次数越多需要更多的生产线切换成本、仓库的物流次数、各类单据制作传递等，但是换线次数太少，会因为过量生产的库存而增加成本。可以计算得出连续生产一个批次的半成品/成品的数量，按照这个批量进行生产整体经济效益最高 ◎现实中缺乏准确的成本数据，造成计算失真 ◎随着SMED（快速换模）等改善活动的进展，需要动态调整
8	制造属性	◎定义物料属于自制、外购、委外和虚拟属性的字段 ◎有些物料既可以自制又可以采购，处理上就比较困难
9	安全库存	◎为了应对不确定性（风险）而设立的库存，称为安全库存。一般风险包括供应不确定性和需求不确定性两方面 ◎供应风险一般包括供应商或者企业自身生产环节存在生产不稳定、质量不稳定、物料供应不稳定、政治环境因素、运输等问题导致的交货不稳定 ◎需求的不确定性是指"不速之客"提出的"不虞之需"，表现为客户突发性补货、交货期突然提前、紧急插单等
10	最小库存	◎指存货在仓库中应存储的最小数量，是库存计划控制的下限值，低于此数量须提供预警
11	最大库存	◎又称"最高储备定额"，是企业为控制物资库存量而规定的上限标准，高于此数量需提供预警

续表

序号	物料计划参数	定义与说明
12	物料 ABC	◎年度累计使用金额的占比：根据二八法则分类识别出金额（注意不是单价）大的物料做重点管控。例如可以规定占总金额70%的为A类物料；占总金额20%为B类物料；10%为C类物料
13	物料使用量（需求量）	◎物料使用量（需求量）分析包括一定期间的总用量、平均用量以及用量波动性等内容 ◎物料使用量是过往的，需求量是未来的
14	使用频率	◎使用频率是指某种物料在一段时间内被消耗使用的次数，通常可以把一个工单领发料记录对应算作一次 ◎有的公司喜欢开超级大工单，次数就被缩小了；或者线边仓的使用也造成数据失真
15	用量波动性	◎用量波动性是指某个物料在一段时间内使用数量的波动性，可以用周期内使用数量的变异系数表示。一般进行X/Y/Z分类，X类是指波动小的物料，Y较大，Z类则波动大 ◎最真实的用量是物料真正被消耗的数量，而不是领用数量
16	采购频率、订购间隔期	◎采购频率是指某种零部件在一段时间内被重复采购的次数，与每次的采购量无关 ◎订购间隔期是指两次补货的时间间隔。这两个参数直接负相关
17	物料通用性	◎越多父项应用的物料通用性越高
18	经济补货批量	◎Economic Order Quantity（EOQ），指平衡一定时期内的库存成本和补货过程成本，实现成本最低的补货量
19	再补货点	◎再补货点是用来明确启动补货的触发数量，一旦存货量低于再补货点则进行补货

第二节　物料计划参数的影响力

计划的对应法则中，基础数据、业务数据和计划参数都是自变量，而计划的结果是因变量，所以物料计划参数对计划业务很重要，这个大家很容易形成共识。每一个物料计划参数到底有什么影响？在这里我们针对一些计划参数仔细梳理一下。

一、提前期

如果笔者从所有物料计划参数中选出一个"最重要的物料计划参数"，笔者的选择一定是"提前期"。因为后面太多的参数设定、策略设定、计划方式选择乃至生产模式的选择，都直接和提前期相关。

我们来看看提前期是如何直接影响生产模式的选择和库存水位的。

情形一：假设有4个客户，他们下单的时间分别是图12-1中的1、2、3、4的时间位置；有4个生产商分别是生产商A、生产商B、生产商C、生产商D，他们的部件生产周期MLT_1逐渐缩短，而物料采购周期PLT一样，成品装配周期MLT_2一样。那么4个生产商生产模式和库存结构都会有很大的不同，如表12-3所示。

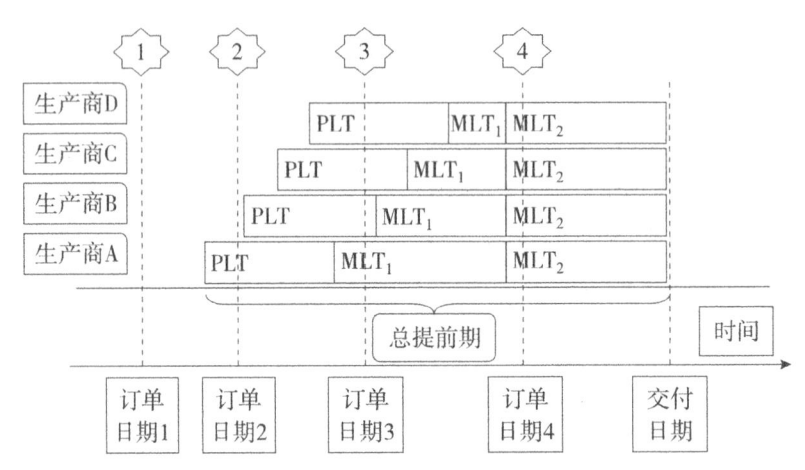

图12-1 部件生产提前期的影响

表12-3 不同生产商生产模式和库存结构

客户及订单	生产商A	生产商B	生产商C	生产商D	横向比较：部件生产提前期缩短的收益
面对客户订单1	无库存；MTO	无库存；MTO	无库存；MTO	无库存；MTO	表面上没有本质的区别；这个客户很友善
面对客户订单2	物料库存；MTO	无库存；MTO	无库存；MTO	无库存；MTO	生产商B、C、D不需要备物料库存；而生产商A需要物料库存
面对客户订单3	部件库存；ATO	物料库存；MTO	物料库存；MTO	物料库存；MTO	生产商A需要物料库存和部件库存，而生产商B、C、D不需要备部件库存
面对客户订单4	成品库存；MTS	成品库存；MTS	成品库存；MTS	成品库存；MTS	表面上没有本质的区别；
纵向比较：客户要求交期的变化影响	从1到4，要求交期缩短，库存逐渐增加	从1到4，要求交期缩短，库存逐渐增加	从1到4，要求交期缩短，库存逐渐增加	从1到4，要求交期缩短，库存逐渐增加	

情形二：四个生产商不仅部件提前期不一样，成品装配周期MLT2也在逐渐缩短。如图12-2所示。

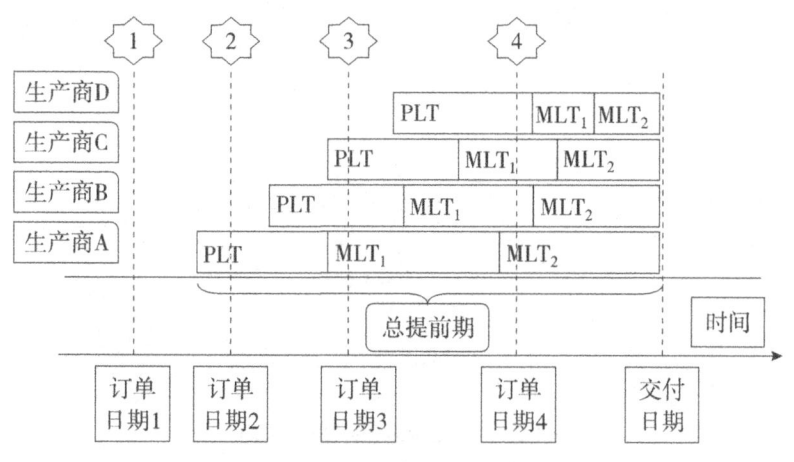

图12-2 总生产提前期的影响

相比前一张表单，随着总生产提前期的缩短，使得在多个业务场景下，库存减少或者没有了，生产模式也可以变化了。

表12-4 总生产提前期缩短后的业务场景

客户及订单	生产商A	生产商B	生产商C	生产商D	横向比较：总生产提前期缩短的收益
面对客户订单1	无库存；MTO	无库存；MTO	无库存；MTO	无库存；MTO	表面上没有本质的区别；客户很友善
面对客户订单2	物料库存；MTO	无库存；MTO	无库存；MTO	无库存；MTO	生产商B、C、D不需要备物料库存；而生产商A需要物料库存
面对客户订单3	物料与部件库存；ATO	物料库存；MTO	物料库存；MTO	无库存；MTO	生产商A需要物料库存和部件库存，B、C只需要物料库存，而生产商D不需要库存
面对客户订单4	成品库存；MTS	部件库存；ATO	部件库存；ATO	物料库存；MTO	从A到D，生产模式改变，库存逐渐减少
纵向比较：客户要求交期的变化影响	从1到4，要求交期缩短，库存逐渐增加	从1到4，要求交期缩短，库存逐渐增加	从1到4，要求交期缩短，库存逐渐增加	从1到4，要求交期缩短，库存逐渐增加	

情形三：四个生产商生产提前期一致，物料的采购提前期不同。如图12-3所示。

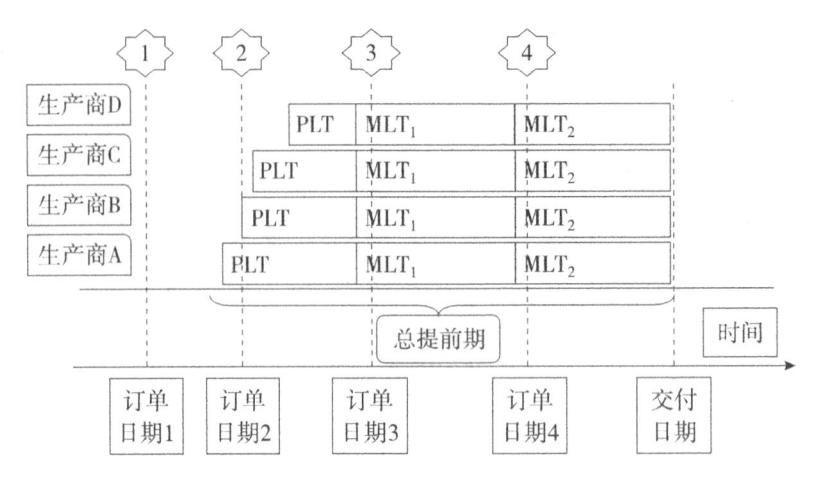

图12-3　采购提前期的影响

表12-5　采购提前期不同缩短后的业务场景

客户及订单	生产商A	生产商B	生产商C	生产商D	横向比较：采购提前期缩短的收益
面对客户订单1	无库存；MTO	无库存；MTO	无库存；MTO	无库存；MTO	表面上没有本质的区别；客户很友善
面对客户订单2	物料库存；MTO	无库存；MTO	无库存；MTO	无库存；MTO	生产商B、C、D不需要备物料库存，而生产商A需要物料库存
面对客户订单3	物料与部件库存；ATO	物料与部件库存；ATO	物料与部件库存；ATO	物料与部件库存；ATO	表面上没有本质的区别；但是库存数量有差别，从A到D逐渐减少
面对客户订单4	成品库存；MTS	成品库存；MTS	成品库存；MTS	成品库存；MTS	表面上没有本质的区别；但是库存数量有差别，从A到D逐渐减少
纵向比较：客户要求交期的变化影响	从1到4，要求交期缩短，库存逐渐增加	从1到4，要求交期缩短，库存逐渐增加	从1到4，要求交期缩短，库存逐渐增加	从1到4，要求交期缩短，库存逐渐增加	

情形四：假设采购提前期、部件生产周期、成品装配周期从生产商A到D逐渐缩短。

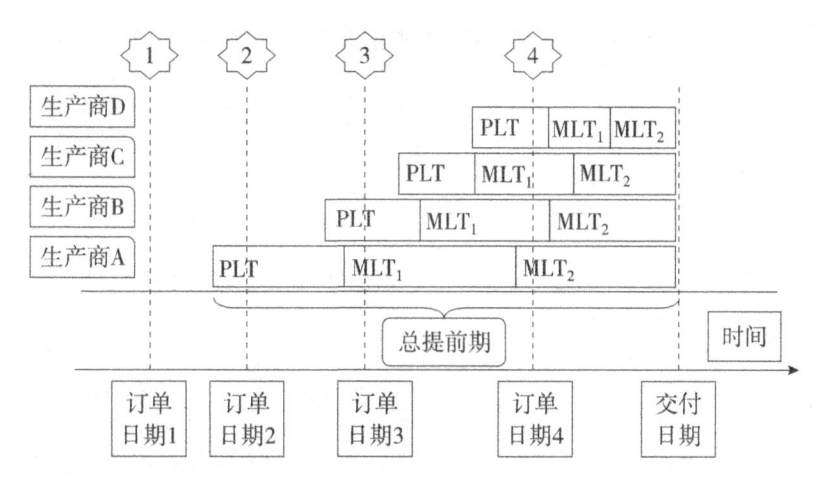

图 12-4 综合提前期的影响

表 12-6 综合提前期缩短后的业务场景

客户及订单	生产商A	生产商B	生产商C	生产商D	横向比较：综合提前期缩短的收益
面对客户订单1	无库存；MTO	无库存；MTO	无库存；MTO	无库存；MTO	表面上没有本质的区别；客户很友善
面对客户订单2	物料库存；MTO	无库存；MTO	无库存；MTO	无库存；MTO	生产商B、C、D不需要备物料库存；而生产商A需要物料库存
面对客户订单3	物料与部件库存；ATO	物料库存；MTO	无库存；MTO	无库存；MTO	生产商A备有较多库存，而生产商C、D没有库存
面对客户订单4	成品库存；MTS	物料与部件库存；ATO	物料与部件库存；ATO	物料库存；MTO	从A到D，生产模式在变化，库存逐渐减少
纵向比较：客户要求交期的变化影响	从1到4，要求交期缩短，库存逐渐增加	从1到4，要求交期缩短，库存逐渐增加	从1到4，要求交期缩短，库存逐渐增加	从1到4，要求交期缩短，库存逐渐增加	

我们总结一下提前期的重大影响：

（1）提前期直接影响生产模式选择。不同生产模式下的库存是不同的，从高到低排列依次为MTS、ATO、MTO（当然ETO是一种特殊的ATO或者MTO，是在其基础上加了定制化工程设计）。生产模式对运营体系的影响是根本性的影响。

（2）提前期是直接影响是否准备库存和准备什么库存的决策。提前期和客户交期对比时的相对长短，对生产模式、库存结构（成品还是半成品还是原材料）的影响是存在质变点的。

（3）提前期影响补货点的高低水位，从而影响库存。我们知道补货点一般采用这个公式：$s = D \times L + SS$，其中D就是日平均需求量，L是提前期；SS是安全库存。平均库存约等于$1/2 D \times L + SS$，与L直接线性正相关（不考虑SS的情况下）。

（4）提前期影响安全库存的参数值，从而影响库存。对于需求波动、提前期固定的情况下，安全库存与提前期的平方根线性相关；而需求确定、提前期波动的情形下，安全库存和它的方差线性正相关。详细分析请见后面章节。

（5）提前期影响决策时间点从而影响运营的风险。如果采用拉动的方式来决策，越长提前期的物料采购决策时间越早，或者生产周期越长就要越早决策启动生产。在这个多变的世界里，越早决策意味着就要承受后期越多的变动，因而风险越大。

这就是提前期的巨大影响。缩短提前期，可以让库存的水位随之下降直至不需要库存，从而降低运营成本和经营风险。这也是精益生产[①]强调的"快"，快到零库存的原理之一。在采购领域中采购提前期受到的重视远低于生产提前期，"保交付"的思想，让企业非常保守地去管理采购提前期（把采购提前期假想得很长），不仅对库存起到不好的作用，往往"始作俑者"还茫然不知。

二、安全库存和库存

物料计划参数中，安全库存也是一个常用的参数。但很多人对此参数一知半解。计划员常常把安全库存和库存混淆，在这里做一些澄清。

1. 两者性质不同

安全库存是一个计划参数，是造成实物库存的原因之一，是一个主观设定（虽然绝大部分都是被客观情况所迫而不得已为之的）。库存是一个现实，是一个供应链运作的结果，是客观存在的实物。因此，在MRP中计算物料的需求时，安全库

[①] 精益生产改善提前期的主要逻辑包括通过价值流改善缩短交付周期；缩小加工批量提高加工频次缩短提前期、减少库存；减少每次换模时间，成本平衡点下移，从而为多品种更频繁切换创造条件。

存是一个需求数量，而库存是一个供应的数量。在同样的业务需求情况下，安全库存设置得越大，则需要补充越多的物料；而库存越大，则需要补充的物料越少。

2.两者产生的原因不同

安全库存产生的原因却是不同的，简单来说有以下几点。

（1）安全库存是为了满足不速之客的不虞之需。也就是你没有预料到的需求。放大到极限就很容易理解：如果你能预测到未来所有的需求，这个未来远于你的提前期（采购提前期＋生产提前期＋物流提前期等），你肯定不需要安全库存来应对需求的波动。当然如果这个不速之客给你充足的提前期，他也就不是不速之客了。

（2）安全库存是为了防范意料之外的供应不稳定。不稳定是客观存在的，但是你不知道这个不稳定什么时候发生，为此你需要特意准备一部分库存来应对，这就是安全库存。供应不稳定体现在提前期不稳定，包括供应商不稳定，也包括自己企业内部生产不稳定。当然如果企业因为不稳定拖长了提前期，而客户可以耐心等待且无不满意，企业也不需要这个安全库存。

另外，我们说不确定性就是风险，安全库存是应对不确定性的，所以也是应对风险的。但是安全库存和风险储备不同，风险储备针对的是一个已经明确识别但还未发生的可能的事件，因此它需要整个风险管理的过程包括风险识别、风险应对（风险储备是其中一种应对措施）、风险结束（或者是发生后结束了，或者是没有发生但是认为不会再发生了）。风险结束后，风险储备需要释放出来不再保留。而安全库存针对的可能是多个不特定的不确定性，这个不确定性无法像特定风险一样进行明确的各阶段管理。

3.两者的计算过程不同

库存到底该多少是合理的，企业可以根据前章的库存形成的原因去逐项分解分析。但是，由于不确定性的存在，且不确定性具有随机性和分布的无规律性，我们知道分布有均匀分布、指数分布、正态分布、二项分布、泊松分布、几何分布、负二项分布等。很多学者和从业者都在试图用一些运算转换规则来推导如何确定合理的库存水位和安全库存参数。最常见的是近似地认为不确定性是正态分布，基于此做出数学推导。这些数学推导并不完全符合实际情况，但这些研究仍然非常有意义的，他们的结论为业务实践提供了一些参考值。

这些数学模型基于以下不同的假设。

（1）假设客户的需求是不确定的，供应是稳定的，那么：$SS_1 = z \times \delta \times \sqrt{L}$

SS：safety stock，安全库存；

z：安全系数；

δ：需求数量的标准差（需求的不确定性）；

L：供应提前期。

（2）假设需求是稳定的，而供应是不确定的，则需要设置安全库存SS_2来应对这种波动；

$$SS_2 = z \times Q_0 \times \delta_L$$

δ_L：提前期的标准差（供应的不确定性）；

Q_0：提前期Q内的平均需求数量。

（3）最常见的情形是需求和供应都是波动的。

$$SS_3 = z \times \sqrt{L_0 \times \delta^2 + Q_0^2 \times \delta_L^2}$$

L_0：提前期的平均值；

δ：需求数量的标准差（需求的不确定性）；

Q_0：提前期内的平均需求数量；

δ_L：提前期的标准差（供应的不确定性）。

安全库存的设置，一定程度上应对了不确定性。理论上可以让供应链系统在"预想的不确定性分布范围内，例如三个西格玛范围内按照"预想的服务水平"完成及时交付。当然事实不是完全符合理论的，因为你的不确定性不一定是正态分布而是更离散甚至毫无规律，还有实际执行中其他偏差的问题。同时，安全库存的设置，会产生一定的库存，过度地追求"安全"、过高地设定服务水平，会让供应链系统付出很大的库存代价，导致边际收益消失甚至是负值。

三、经济补货批量

经济补货批量包括经济订货量（Economic Order Quantity，EOQ）和经济生产批量。

经济订货量指平衡一定时期内的库存持有的费用和补货作业成本,实现总成本最低的订货量。经济生产批量是库存成本和生产换模成本之间的权衡,是指平衡一定时期内的库存持有的费用和换模换线带来的损失成本,实现总成本最低的生产批量。

我们以经济订货模型(economic order quantity model,亦称economic lot size model)为例来说明经济补货批量。

模型的假设如下:

需求为常数:D件/天;

订购量:Q件/次;

固定每次订购作业费用:K元/次;

库存持有的费用简称库存费用:h元/(天·件)。

补货和库存变化见图12-5。其平均库存是$1/2Q=0.5Q$(这里假设的期初库存为零,其实无所谓期初库存,因为我们需要的是期初到期末之间因为采购到货库存变化的库存成本)。

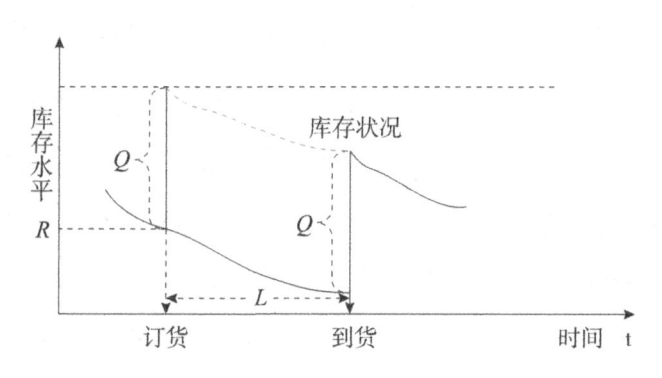

图12-5 补货和库存变化

那么我们在一定周期T内的库存费用为$h \times 0.5Q \times T$;单位时间内库存费用则为$0.5Q \times h$。

我们的补货次数为:$D \times T/Q$;总订购作业费用为$K \times D \times T/Q$;单位时间则为$K \times D/Q$。

单位时间总费用(平均)$G(Q) = K \times D/Q + h \times Q/2$

最优解(求导):$Q^* = \sqrt{2K \times \dfrac{D}{h}}$

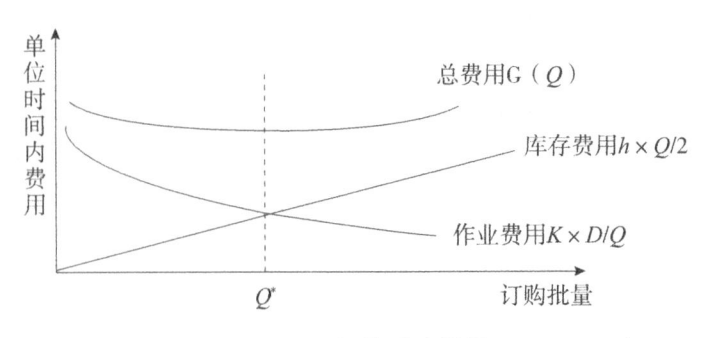

图 12-6　经济采购批量

也就是经济订货量 $Q = \sqrt{2K \times \dfrac{D}{h}}$

通常，订购费用包括订单处理过程的费用、进料检试验费用和运输费用等；库存费用至少包括保管费用、保险费、维护费和折旧费；仓库及存储设施的折旧费用；可能的呆滞和报废的费用；资金的机会成本；等等。

具体数额和行业物料特性有很大关系，例如物料（原料、产品等）易腐易烂易失效的行业，库存很快会全额损失殆尽。受到会计法则的影响，企业一般在财务科目上有库存减值，但是这仅仅是库存费用的一小部分。实际的库存费用无法真正体现在财务报表上，因此一般是在内部的财务管理数据而不是会计报表上体现。正因为没有统一的会计政策，因此不同企业之间的差别非常大。例如同样在电子加工行业，在一些财务谨慎的公司，库存费用被定到每年消耗货物采购金额的30%甚至50%，也就是说100万元购入的货物，形成了库存，每年计提费用30万~50万元。而相反有些公司对库存的费用认识不足，仅仅计算库存占用资金的银行存款利息，每年只有2.5%左右，两者相差可达20倍。显然把库存持有费用定得很高的企业，它会降低经济订货批量，这也有利于对库存的控制。

我们来看一个例子，假设某企业每日需要某电子器件100个，单价是600元，每次订购的作业费用是400元；库存持有的费用是每年12%，h = 600 × 12%/360 = 0.02，那么经济订货量是：$Q = \sqrt{2K \times \dfrac{D}{h}} = \sqrt{(2 \times 400 \times 100 / 0.02)} = \sqrt{4000000} = 2000$ 件

但是另外一个零部件，其他条件不变，单价是150元，企业的 $h = 0.005$，而 $Q = \sqrt{2K \times \dfrac{D}{h}} = \sqrt{(2 \times 400 \times 100 / 0.005)} = 4000$ 件

由此，我们得出以下结论。

（1）有一个在上面的公式中没有直接体现而是隐藏在库存持有费用中的参数，就是价格越高，经济规模越小。这一点公式上不直观可见，但是只要想一想也容易理解。

这个例子中物料持有费用中只考虑了物料金额所指向的折旧、损耗、资金占用成本。事实上，很多低价值的物料主要的库存费用是占地，例如泡货，像珍珠棉包装材料，它们价值不高，但是占用场地很多，也就是库存持有费用很高，它的经济批量相对会更小。

（2）日需求量D越大，经济订货量越大，这个也比较容易理解。

（3）固定订购费用K元/次，K越大，需要设置的经济订货量越大，这个也容易理解。只是我们需要深挖一下它所代表的改善方向。例如材料免检入库、供应商通过SRM获取订单与协同送货、电子流单据、自动化收货等那些降低每一笔固定订购费用的措施是很重要的。它们不仅直接降低了这些费用，而且可以缩小经济订货量，从而减少库存。这一点，很多企业是意识不到的。

关于K元/次这一点假设，事实上很多企业认为每次作业成本不是固定成本，而是总的作业成本是固定的，所以采购的频次可以大幅度增加。这个想法从某段时间内看是有一定的道理的，但是会使员工承担过高的工作负荷。这样的情况既难以持久，也不利于员工空出来去做更有价值的工作。

四、采购频率（订购间隔期）

采购频率是指采购方期望用什么样的频率来向供应商下达采购订单，例如每周一次还是每月两次，对应的订购间隔期就是一周和半月。这个参数的大小，对供应链的运作也会产生较大的影响。当然，这里假设的场景是供应商按照采购订单送货且每个订单送货一次，则这个采购频率就是补货频率。如果有的供需双方并不是按照采购订单来补货，而是按照另外的补货指令进行约定的，那它们协定的补货频率更接近下面分析中的采购频率。

1. 采购频率影响的是总采购作业成本

这一点在前一部分已经谈到了。采购频率越高，需要的全过程作业次数越多，作业成本就越高，还增加运输成本等。

2. 采购频率影响的是购买方的平均库存

在某种场景下，采购方的每日需求是D，每周5个工作日，采购方一周买一次，那么一次需要买$5 \times D$，平均库存是$2.5 \times D$。如果一天买一次，一次需要买$1 \times D$，那平均库存是$0.5 \times D$。显然库存的差别是同比例的。在某种业务场景下，采购频率和平均库存量直接线性负相关。

3. 订购间隔期延长了采购提前期

供应商的交付周期是从接到订单起算的，订购间隔期实际上就是采购提前期的一部分，只是这一部分时间，和采购方的采购申请周期、采购制单审批发放周期一样，是在购买方那里消耗的。有个很奇怪的现象是，强势的买方经常拼命逼供应商缩短交付周期，而自己内部采购流程却拖沓无比。供应商可能是用大量的成本换来的交期缩短却被毫无价值地浪费了。延长提前期的后果，最直接的就是增加库存，还有敏捷性下降、柔性下降、对客户的交付周期上升，等等。

4. 采购频率影响决策风险

采购频率对决策风险有影响，有很多人意识不到。为了说明这一点，这里举个例子。假设一个场景是其物料提前期是10天，购买方的订购间隔期分别是15天和5天，我们看看有什么不同。

在前一种情形下，购买方需要决定购买的数量对应第11天到第25天的需求，也就是说购买方最远的决策是需要为第25天的需求决策，被迫提前25天决策了（否则来不及）。而后一种最远的决策是为第15天的需求做决策。在这个需求处于不停变化的时代，很有可能就是因为决策从25天缩短到15天，购买方就避免了几个错误的决策。例如一个客户提前25天说要1000件，而7天之后却又取消了。15天的决策期就能让购买方避免购入该物料，而25天的决策期就让购买方很被动。采购订单已经下达，购买方要么取消订单，要么自己吃下来成为库存，自己或自己的供应商至少一方要承担损失。

了解了采购频率对运营的影响，我们就知道为什么在一个精益的供应链体系里，供应商送货的频率可能是按小时计的，也就是补货间隔周期只有几小时。

那么采购频率到底该设多少？从理论上来讲，根据经济批量来推导补货间隔期是最合理的。可惜的是，在现实操作中，理论往往只能指引方向，提供参考值，而不是直接指导实践。因为按照理论执行，采购方会遇到一些困难：

（1）客户方的需求D并不是平稳的。

（2）采购方的固定订购费用不是那么容易获取的。恰恰相反，当采购方雇用了一些员工、添置了一些检验设备后，总成本固定，而单次的固定费用反而不是固定的。采购次数越多，单次采购费用越低。

（3）采购方的库存费用很难分摊到每一种物料。其中物料的价值损失取决于物料可能的报废、贬值、降级、损耗等，都是很难准确预估。另外库存占用场地等费用也很难分摊，因为仓库建好之后成本固定而不是变动成本。

（4）像低价值的泡货，价格低导致库存费用相对较低，同时占用场地多又让库存费用相对较高，甚至占用仓库的成本是主要的库存费用。虽然建个模型不难，但是获取准确参数很难，因此很难计算得出合理的库存费用。

（5）由于MRP是大家最常用的计划方法，跑MRP本身存在一定的间隔周期，这也限制了采购频率的设定。实际的采购频率必然等于 n 个MRP运行间隔周期。n 可以是1或者其他自然整数。

在实践中，大家比较认同的是用物料ABC分类来确定采购频率。

五、ABC分类

一家企业中很多部门出于自己的业务需求设置物料的ABC分类，因此企业可能同时存在很多种ABC分类，有的是依据物料对产品功能特性的影响，有的是依据质量管控的重要程度，有的是依据物料可获得性，等等。这里的ABC分类是根据某物料的年度金额占所有物料年度总金额的比例来划分的，这个分类代表某物料对采购金额和库存影响的大小。

依据帕累托法则，对库存进行分类，一般分为三大类：

A类物料：其年度可能的采购总金额占到所有物料采购总金额的80%。这些物料种类大约占到物料种类数量的20%左右，是控制采购成本和库存金额最关键的一小部分。

B类物料：其年度可能的采购总金额占到所有物料采购总金额的15%。这些物料种类大约占到物料种类数量的30%左右,是控制采购成本和库存金额次重要的一部分。

C类物料：占到物料种类数量的50%左右,占到采购总金额的5%左右,是最次要的大部分。

具体划分的等级、种类比例和金额比例,依据各公司的不同情况而定。

假设某公司物料种类为1000,月平均金额为100万元,首先对其物料进行分类,如表12-7所示。

表12-7 某公司物料分类

分类	品种百分比（%）	品种种类（种）	金额百分比（%）	平均月用量金额（万元）
A	20	200	80	800
B	30	300	15	150
C	50	500	5	50
合计	100	1000	100	1000

在不分类时,所有物料采用统一的采购频率,每次订单数量覆盖4周需求,保持2周的需求为安全库存,那么它的库存及周转情况如表12-8所示。

表12-8 物料不分类库存及周转情况

	平均月用量金额（万元）	采购间隔期（周）	安全库存数量（周用量）	平均周转库存（1/2金额）（万元）	安全库存（万元）	合计平均库存（万元）	库存周转周期（天）
所有	1000	4	2	500	500	1000	30

分类后库存状态为,A类物料采购间隔期2周,B类4周,C类8周,保持1/2的采购间隔期或2周的需求为安全库存,那么它的库存及周转情况如表12-9所示。

表12-9 物料分类后库存及周转情况

分类	平均月用量金额（万元）	采购间隔期（周）	安全库存数量（周用量）	平均周转库存（1/2金额）（万元）	安全库存（万元）	合计平均库存（万元）	库存周转周期（天）
A	800	2	1	200	200	400	15
B	150	4	2	75	75	150	30
C	50	8	2	50	25	75	45
合计	1000	—	—	325	300	625	18.75

采购作业次数对比（每次的固定采购费用不变，近似认为采购作业次数与采购作业总成本直接正相关）情况如表12-10所示。

表12-10 采购作业前后对比

	平均库存（万元）	库存周转天数（天）	每月采购作业次数（次）
分类前	¥1000	30	1000
分类后	¥625	18.75	200×2+300+500×0.5=950

从表12-10可以看到，在总的作业次数略有减少的情况下，物料的周转天数下降了大约38%左右，这就是抓住矛盾的主要方面后，可以带来较明显的成果。

当然这是一个举例，在实际场景中，要依据购买方的总量来决定订购间隔期到底是如表所示的8周、4周、2周，还是16天、5天、2天。企业要参考采购经济批量来确定，最小的间隔期对应的数量满足经济批量才行。另外千万不要混淆，需求量越大会使得经济批量扩大，但订购间隔期不是扩大，恰恰相反是订购间隔期缩小。因为需求量扩大4倍，经济批量扩大2倍（开根号的缘故），而采购频率是扩大为原来的2倍。所以需求量规模越大的企业，其供应商补货频率越高，这也符合我们的直观认识。

值得指出的是，这里的采购频率的确定，都是基于购买方单方面的利益考虑。实际上我们还要考虑供应商的生产经济批量（供应商可能要求一次送完一个生产经济批量，也可能他自己保留库存而只是送一部分）和运输经济批量（或许和其他很多物料拼车过来）等。利用自己的优势地位，只算自己的账而不顾及供方的利益是不可取的。

第三节　物料计划参数的分类管理

有些制造业企业并没有意识到物料计划参数的重要性和管理难度，没有明确的流程制度、作业指导书来规定物料计划参数应该由谁负责，怎么确定，怎么调整。许多企业只有一些笼统的要求和粗略的作业指导，然后就任由物料计划员自行确定、自行管理了，或者在物料引入时，把它们分配给采购部门、生产部门等自行填写。这种管理方法说明企业忽视了物料计划参数的重要性或者没有意识到物料计划参数管理的难度。而这种忽视，也使得计划的工作总是做不到位，即使企业已经花了很多时间去优化流程和改善IT系统。

企业确定物料计划参数值的常见的过程有以下几种。

（1）问询、查询。只是简单地收集数据，并把它记录下来作为物料计划参数值。

（2）统计分析。在收集历史数据或者未来的预测数据后，进行统计分析，总结得出物料计划参数值。

（3）协商谈判。可能是和供应商谈判，也可能是和生产部门协商，或者是和仓储部门协商。

（4）专家判定。专家们基于相关的数据、业务的目标、自身的经验等做分析后做出判定。

前面我们讲到的四类物料计划参数应该是分别采用不同的参数值确定方法。这里先列出几条原则。

（1）物质特性的物料计划参数是客观的、刚性的，基本上这类物料计划参数只要收集记录数据即可，例如体积、保质期、颜色、物料材质种类，等等。

（2）供应特性的物料计划参数具有一定的客观性，也有一定的主观性。因为客观性，所以需要去询问调研供应商、工艺、生产、采购等部门；因为主观性，所以不可以把参数确定的责任交给其他部门，而一定是计划部门牵头来完成的。

（3）需求特性的物料计划参数同样具有一定的客观性，也有一定的主观性，主要是受未来需求预测的影响。

（4）管理赋值具有很强的主观性，但是主观的决定也依据了一定客观的业务场景和数据分析，不可能完全是"拍脑袋"。

表12-11 物料计划参数比较

物料计划参数	收集数据	统计分析	是否需要与计划的外部协商	专家参与	备注
采购提前期	询问供应商	可以	需要，理由见后面	专家给出目标	不可以仅仅是询问后被动接受
最小起订量	询问供应商	不需要	特殊情况下需要	权衡涨价成本和可能的库存与报废呆滞成本	不可以仅仅是询问后被动接受

续表

物料计划参数	收集数据	统计分析	是否需要与计划的外部协商	专家参与	备注
最小包装量	询问供应商	不需要	特殊情况下需要	权衡涨价成本和可能的库存与报废呆滞成本	不可以仅仅是询问后被动接受
生产周期	收集生产节拍	不需要	不需要	以工艺规定为基准；动态持续优化	这是理论周期，实际要看排产结果
交付周期	收集各类提前期	不需要	不需要	不需要，但是动态持续优化	这是理论周期，实际要看排产结果
生产经济批量	收集换模成本、库存成本	需要	需要	权衡能力和客户要求，给出合理目标值	不可以仅仅是征询意见
安全库存	收集用量	需要	不需要	计算后优化调整确定	
最小库存	收集用量	需要	不需要	计算后优化调整确定	
最大库存	收集用量	需要	不需要	计算后优化调整确定	
物料 ABC	收集金额	需要	不需要	不需要	
物料使用量、需求量	收集历史与预测	需要	需要	不需要	和销售和研发要紧密协同
使用频率	收集历史与预测	需要	不需要	不需要	
用量波动性 XYZ	收集用量	需要	不需要	计算后专家确定	每家公司分界线不一样
采购频率、订购间隔期	收集	需要	不需要	计算后专家确定	与采购经济批量有关；与分类 ABC 有关；与 MRP 间隔周期有关
物料通用性	收集历史	需要	不需要	计算后专家确定	
采购经济批量	收集库存费用和库存作业成本	需要	需要	计算后专家确定	要考虑供应商的利益诉求
再补货点	收集	需要	不需要	计算后专家确定	与采购经济批量有关；与用量有关；与提前期有关

除了物质特性的物料计划参数以外，企业的计划人员应该对其他三类计划参数主动管理，而不是被动、无奈地接受其他人员给予的参数值，尤其是供应特性的物料计划参数，经常被错误地分配给非计划部门管理，很容易脱离管理。为了说明对物料计划参数的管理，现举例如下。

一、物料计划参数采购提前期的管理

很多企业的通常做法是采购部门提供供应商的交付周期作为采购提前期的依据。但是采购部门在填写这个周期时就碰到了困难。案例如下：

（1）供应商的某个物料交付周期是这样的，它可能是15天，也可能是20天，如果采购方尽力催促，12天也能交付，统计历史交付记录表明最常见的周期是18天。它取决于采购数量以及供应商的经营状态。

（2）对于在买方的预测数量范围内的交付需求，供应商的提前期可以缩短到5天；但是在预测范围外，又回到原来的周期18天。

（3）为了配合买方的需求，供应商依据预测协议备好了一定数量的成品库存，所以这部分数量的交付周期优化到1天。但是万一库存消耗完了而没有及时预测，则又回到原来的周期。

而我们使用IT系统时，能够填写的采购提前期要么是个固定的单一的周期，要么是一个与采购量相关的线性函数 $y = a + bx$。这两者都无法准确地表达上述案例的实际情况。那么问题来了，在系统里提前期应该填写多少呢？

各自站在自己的立场，采购部为了保证"物料及时交付率"，计划部门为了确保有料，所以他们有的会选择20天，有的会选择18天，也就是说他们会选择相对保守的数据。前面的章节里已经介绍过了，不同的提前期会对业务产生不同的影响，例如安全库存的设置量、再补货点的设置量，等等。这里如果采用20天或者18天，显然填写过长的交货周期会使得库存上升、过剩。而填写短的交货周期1天、5天、12天，又担心过迟的采购下单会造成缺料。真正是让人左右为难。

前面说了采购提前期这个物料计划参数具备一定的客观性，20天、18天都是客观的，都是在一定的业务场景下的结果。所以企业（采购方）一定要尊重客观性，如果在"客大欺店"采购文化影响下，强令供应商以某个短的日期保证供货，这是转嫁风险牺牲供应商利益的做法。笔者认为简单粗暴地下达命令、提要求者不利于整个供应链的成本控制和持续发展。

采购提前期这个物料计划参数同时具备一定的主观性。因此企业可以先去主观地设置目标，并以此为目标去开展一系列的管理活动来支撑这个目标。笔者推荐的具体步骤如下：

（1）以前文的供应基线为标准找到对采购提前期的期望目标。例如企业对客户确认了供应基线是30天，而自己的生产周期为20天。那么如果企业的采购提前期是10天以内的话，企业就可以按照客户订单需求来采购物料了，就不需要准备物料库存了。所以企业找到了物料采购提前期的目标是10天。

（2）然后与供应商协商，询问供应商需要什么样的支持能够把采购提前期缩短到10天。

（3）采购提前期在预测协议下（采购方承担责任）可以缩短到5天；在库存协议下可以缩短到1天。这个采购提前期就满足要求了。

（4）然而预测协议和库存协议全部要求采购方担责，显然这对采购方是有很大风险的。如果采购方因此过于谨慎，造成预测数量和库存协议数量不足，10天的目标就会落空。

（5）再仔细研究供应商的生产加工过程和物料，采购方可能会发现，如果供应商根据预测准备原材料，则采购提前期可以缩短到9天左右；如果供应商准备的是半成品库存，采购提前期在5天左右。

（6）这个时候双方很容易达成协议如下。

①原库存协议部分数量缩小，仅仅作为采购方安全库存的一部分。

②采购方的预测不再人为地采取保守谨慎的策略，而是采用中性的策略。采购方对供应商因此准备的原材料库存负责，而不是供应商的半成品。采购方的预测数量上升了，但是原材料比半成品单位金额下降，总体金额没有显著提升甚至可能下降。还有可能由于原材料通用性很高，即使采购方的预测过大造成了原材料库存，供应商还可以把原材料库存用到别的客户身上，所以采购方的风险责任又下降了。

③供应商承诺在预测数量范围内的交付周期是9天，同时根据库存协议保持一小部分产成品作为安全库存，消耗了会自行补充。

④计划部门管理好预测的及时滚动发放与更新和库存协议数量的及时滚动更新。

（7）经过一系列管理活动，最终采购方在系统里设置的采购提前期是9天。

这个案例里的解决方案有点小幸运，正好找到了9天这个答案，但是仍然会对我们有所启发。这个案例很清晰地说明了一个道理：像采购提前期这样的物料计划参数是一个供应特性，一方面，计划部门不要认为这是完全刚性的因而被动地接受，而是要"以终为始"，先设定目标，然后再去用管理措施达成目标。当然没那么幸运的时候，第一目标可能会达不成，这时候可以用"第二目标"。另一方面，我们也不能认为采购提前期是完全弹性的，可以随意揉捏。总之要注意的是，目标不是拍脑袋想象出来的，而是计算分析出来的。采购方让供应商缩短提前期，是有风险代价的。这时候计划部门要充分体现计划的特质"计量、核算、权衡、决策"，找到最优解。

其实，我们除了预测和库存协议，还有方法去缩短提前期。用在供应商处是缩短采购提前期，用在自己生产过程是缩短生产周期。这些方法中就有很著名的"延迟策略"。

延迟策略，是一种"重新设计产品和工艺以使流程中形成多个产品的差异点尽可能向后延迟"的策略。举个简单的例子，一种款式的毛衣有红色和绿色差异，生产商开始的时候先把白色毛线染成绿色和红色，再编织红色毛衣和绿色毛衣。这种方式会带来一个问题：假如红色畅销而绿色卖不掉，生产商同时面临红毛衣缺货和绿毛衣库存呆滞的风险。这时候可运用延迟策略，改变生产工艺。企业先把白色毛线编织成毛衣，然后根据销售状况灵活地去染成绿色和红色，一种缺货一种呆滞的风险就降低了。这就是把延迟策略运用在生产过程中。

采购方如果希望改善采购提前期，同样可以和供应商探讨是否可以采取延迟策略。介绍一个笔者在实际工作中的案例。该公司采购的一系列水泥小屋子，是ETO的定制化产品，但是不同型号很相似，都是像小区变电站一样的小屋子。为了把交付周期从2周缩短到1周以内，笔者和供应商积极探讨，最后改变了他们的工艺过程。他们原来的做法是根据提供的图纸做完钢结构焊接，然后再做墙做屋顶最后油漆粉刷内外。但笔者发现不同型号的差别只是在钢结构底座上有几个用来承载设备的几根小槽钢位置不同，其他都是一样的。因此，笔者建议供应商改变工艺，钢结构焊接只做标准化部分，然后做完周围墙体和屋顶后先停下来。等笔者方的个性化的图纸到达后，供应商补焊几个小槽钢、再油漆粉刷。这个工艺顺序的变化很快就让采购周期达成了目标。这也是运用延迟策略的成功案例。主动教会供应商做延迟策略，也是管理活动的一部分。还有的企业去给供应商推广精益；用SRM去加快信息流转等很多活动，都可以使采购提前期缩短。

二、物料计划参数MOQ、MPQ的管理

在某些场景下，例如企业的生产数量很少，或者产品面临退市和改版，这时哪怕只买一个MOQ的数量都会太多而造成库存呆滞。这时候计划部门要主动去管理MOQ和MPQ。一般来说可以给出溢价采购，然后要求供应商降低数量要求。例如MOQ是100个，单价是50元，实际最多需要30个。如果不加以管理，那么采购方实际上为了30个而花费5000元。如果和供应商协商，把单价提升到80元，采购方只花2400元就可以，能节省2600元。而供应商付出的代价是生产过程中的一些管理成本，但是节省了70套物料，经过算账也是有利的。这样一来双方都能获利，这就是双赢。

这种做法最大的阻力不是供应商，而是采购方的管理层，毕竟账面上采购方吃亏了。所以一个"实事求是"的管理层，应该对这种业务场景设计一个独特的流程通道，以便顺利执行这一类的业务活动。

三、其他物料计划参数的管理

其他物料计划参数如何确定和管理？例如再补货点、使用频率、波动性等需求特性物料计划参数，在后面章节里将详细展开。这里要说的就是计划部门在管理这些需求类计划参数时，要密切地关注市场和研发的动向。这些动向都会很大程度地影响这些物料计划参数的赋值。

总体来说，物料计划参数管理是计划业务的重要组成部分。企业应该主动去管理，对管理原则、方法、责任归属做出明确的规定。这样的物料计划参数最符合企业的业务需求。物料计划参数是影响计划工作成果优劣的主要原因之一。

第十三章
物料计划方法及选择

前面的章节里,我们讲了计划的"计算"特性中的"核算"三要素是业务逻辑、计划参数和运算转换规则(如图13-1所示)。那么在说完了物料计划中的计划参数后,我们讲一讲物料计划的运算转换规则。

业务逻辑

对应法则

计划参数　　运算转换规则
　　　　　　计划方法

图13-1　核算三要素

我们经常接触的是"物料计划方法",如果仔细分析一下,其实每种计划方法的核心内容就是计划内在的运算转换规则,一种计划方法可能是很多个运算转换规则组合在一起。最常见的几种物料计划方法有:补货点法、MRP、看板、工单需求法。仔细比较一下,它们之间的最重要差异是运算转换规则不同,而它们表现形式的差异并不是最重要的。例如很多计划员用Excel做计划,但他们遵从的还是MRP的运算转换规则的集合。我们就可以认为他们的计划方法还是MRP,只是没有使用MRP软件而已。所以,运算转换规则才是计划方法的本质区别,计划方法可以说就是计划的运算转换规则。由于需要尊重大家的习惯,我们仍然将运算转换规则称为物料计划方法或物料计划方式。

第一节 物料计划方法的基本分类及逻辑

补货点法、MRP、看板、工单需求法四种最基本的物料计划方法中，补货点法是历史最悠久的一种计划方式，老而弥坚，仍然是很多企业的重要计划方式。随着ERP的覆盖率提高，MRP成为大家耳熟能详的计划方式。而伴随着精益生产的推进，看板也为很多企业所采用。工单需求法在某些特定的行业中针对一些特定的物料也有较多使用。这几种计划方式比较起来，既有一脉相承之处，也有所区别；它们各有所长，没有先进与落后之分。只有深刻理解各种计划方式之长短，恰当应用，才能让计划方式既能满足业务需求，又能节省人力、提高效率。

一、补货点法

由库存数量和预设的补货点去比较，由此产生物料补充决策的物料计划方式称为补货点法。补货点法又分为四种基本方式：补货点和补货数量方式（s, Q）、补货点和库存上限方式（s, S）、周期性盘点加库存上限方式（R, S）、综合方式（R, s, S）。

1. 补货点和补货数量方式（s, Q）

这一方式的基本逻辑为：库存 i 和补货点 s 比较，一旦 i 低于 s，则触发补货指令，补货数量为 Q。

计划参数与运算转换规则如下：

补货点：$s = L \times D + SS_1$，其中，L 为补充提前期，D 为需求平均值，SS_1 为安全库存。

补货数量是个固定批量：$Q = \sqrt{2K \times \dfrac{D}{h}}$，$K$ 为每次订购费，h 为单位库存成本。

安全库存：$SS_1 = z \times \delta \times \sqrt{L}$，$Z$ 为服务水平因子，δ 为标准差。

我们可以看到，系统随时进行库存检查，一旦发现当时的库存数量 i 小于 s，立即发出指令要求补货。图 13-2 中共有 3 次触发，补货数量都是 Q。另外，细心的读者也会发现，三次补货的时间间隔也是随机的，并不相同。

$Q=\sqrt{2K*D/h}$

Q为订货数量，即经济批量
K为每次订购费；D为需求平均值
H为单位库存成本

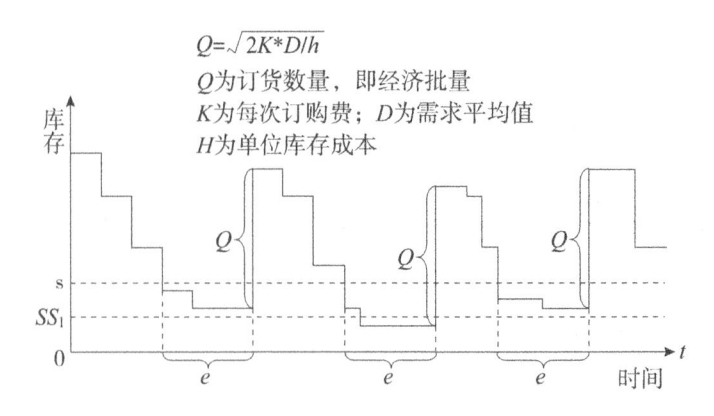

图13-2　订货点和订货数量策略（s，Q）

2.补货点和库存上限方式（s，S）

其基本逻辑为：库存i和补货点s比较，一旦i低于s，则触发补货指令，补货数量为S-i，S是预先设置的库存上限值。

计划参数与运算转换规则如下：

补货点：$s=L\times D+SS_1$　　安全库存：$SS_1=z\times\delta\times\sqrt{L}$　　补货数量：$Q=S-i$

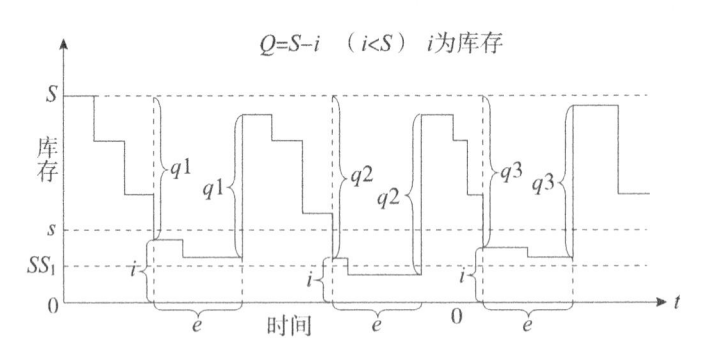

图13-3　订货点和库存上限策略（s，S）

我们可以看到，系统随时进行了库存检查，一旦发现当时的库存数量i小于s，立即发出指令要求补货。图13-3中3次触发，补货数量分别是Q1、Q2、Q3，三次补货的数量并不相同。另外，三次补货的时间间隔也是随机的，并不相同。

3.周期性盘点加库存上限方式（R，S）

其基本逻辑为：盘点周期为R，在固定的时间间隔点R上，检查库存的数量i，补货数量为S-i。

计划参数与运算转换规则如下：

库存上限：$S=(R+L)\times D+SS_2$　　安全库存：$SS_2=z\times\delta\times\sqrt{R+L}$　　补货数量：$Q=S-i$

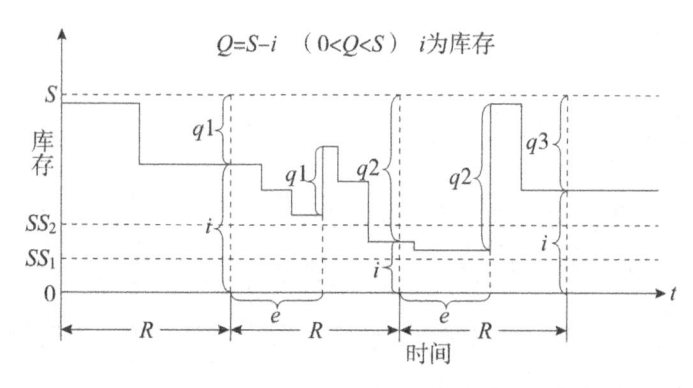

图 13-4　周期性盘点和库存上限策略（R，S）

我们可以看到，在每一个周期R的末尾，我们进行了库存检查，发现当时的库存数量i，无论i是多大，都触发了补货指令，补货数量分别是q1、q2、q3，三次补货的数量并不相同，它们取决于i和S的差值。

4.综合方式（R，s，S）

其基本逻辑为：盘点周期为R，库存i和补货点s比较，一旦i低于s，则触发补货指令，补货数量为$S-i$，S是预先设置的库存上限值，如果没有触发，就不进行库存补充。

运算转换规则与计划参数：

与上面RS方式相同。

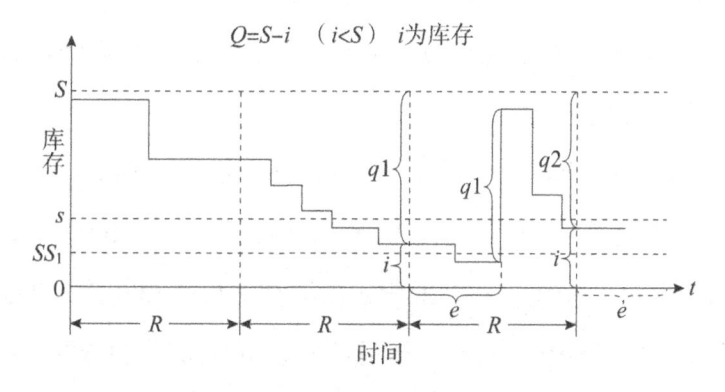

图 13-5　综合策略（R，s，S）

我们可以看到，在第一个周期 R 的末尾，进行库存检查后发现当时的库存数量 i 是大于 s 的，所以没有做出库存补充的指令。而在第二个和第三个期末进行库存盘点时，由于库存 i 都低于了 s，所以触发了补货指令，补货数量分别是 $q1$ 和 $q2$，两次补货的数量并不相同。

二、MRP

MRP 的基本运算转换规则是周期性检查可用库存（不是实际库存数量），当发现可用库存小于零时，就要求补货。而补货的数量是满足净需求的数量，即试图让小于零的可用库存等于零。可以看出，MRP 实际上也是一个运算转换规则。

笔者曾经以为那些每天使用 MRP 的计划员都知道 MRP 净需求的计算公式。当我正式询问"经验丰富"的计划员（他们都有 5 年以上的使用 MRP 的经历）时，非常吃惊的是，他们之中有约一半的人无法准确地回答笔者的提问。他们对"MRP"的理解就是一个 IT 工具，这个工具使得他们只要"敲击键盘"就可以获得物料计划，这些计划员对背后的运算转换规则不知所以然。这也是笔者要把计划方法写成"运算转换规则"的原因，否则不能和那些错误的认识区分开来。

补充说明 MRP 基本逻辑：需要补充的数量=净需求=总的需求−已有的总的供应。总思想就是供需平衡，希望总的需求=已有的总的供应+需要补充的数量。

总的需求包括：独立需求+相关需求+安全库存。这里再说一下，安全库存作为一个物料计划参数是一种需求，正确地理解应该是让供应更安全而设置的库存需求。相关需求就是由于需要产成品 A，因此产生了对 B 的需求，这种 B 往往是原材料和半成品，需求量通过对 BOM 的逐层展开而产生，这是 MRP 发明人最大的贡献。而独立需求实际上是直接需要 B。

已有的总的供应包括 A 和 B 的库存、在途（例如在制或者在购，在购又包括在 PO 状态的或者 PR 状态的）、已供应的（例如工单上已经领了 100 颗料。）

在一般的企业里，MRP 一般按照固定的周期去检查和计算，R 也就是企业跑 MRP 的间隔日期，所以 MRP 的逻辑更接近于 (R, S)，只是检查的是库存数不是实际库存数而是可用库存数，S 不存在了。补货的数量是不固定的净需求量。

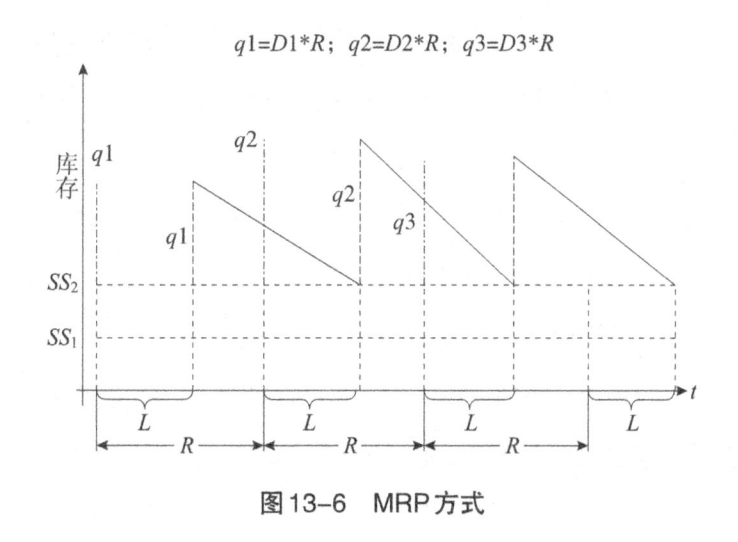

$q1=D1*R$；$q2=D2*R$；$q3=D3*R$

图13-6 MRP方式

我们看图13-6，以"- - - - -"代表订货，以"------"代表到货。假设前期的供需平衡做得很好，在0时刻，需要下订单去补的物料是物料提前期L后的R时间区间内的总需求$q1$。如果这个区间日平均需求是$D1$，则$q1=D1×R$。经过时间周期L后，$q1$的物料来了。这些物料正好在一个R周期内消耗完，库存又来到了安全库存数SS_2。$q2$所代表的物料和这个场景一模一样，只是$q2$和$q1$的数值不一样。

在采用MRP的物料计划方法后，这里会得到以下结论：

（1）除了安全库存，日平均库存竟然和提前期L没有关系，是$0.5D×R+SS_2$。

（2）每次补货的数量和L也没有关系，只和R有关系，就是和补货间隔周期有关。

这两个结论看起来简单，却是个很多人容易掉入的思维陷阱。在没有深入思考以前，很多人下意识地以为和L正相关，甚至直接是线性关系。

三、看板

前面说过，看板不仅是一个计划的"计算"逻辑，也是一个简单而有效的流程，我们这里只看它的"计算"逻辑。它的运作逻辑就是供应者接到看板就补料（有些特殊种类的看板需要几块合并后再补充，为了简化起见，这里不做讨论），根据看板所标明的数量补充需求者的库存。它的精华在于看板设计过程，主要是需要设定总数为K的看板，K的数值是大于或等于2的一个数值；还要设定每个看板对应的数量为C。

我们仔细观察一下，实际上看板的背后的运算转换规则类似于前面的补货点法 (s, Q) 逻辑，Q 等于 C（它通常是一个容器的装载数量，比如1箱子、1盒子装的数量等）；补货触发点 s 有好几个，分别是 $(K-1)C$、$(K-2)C$、$(K-3)C$，每消耗一块看板的数量，就触发补货信号一次。随着物料消耗，总的库存数首先会到达 $(K-1)C$ 触发补货；下一次触发的时候，可能是 $(K-2)C$，也可能是第一张的已经补到货了，触发点还是 $(K-1)C$。以此类推，存在着 $(K-1)$ 个可能触发点。也就是看板是 (s, Q) 的补货点法的变形，它不是一次补足 Q，而是把 Q 分多次补货。

图13-7是在3张看板的情况下，看板的补货触发、补货到达和库存变化演示。

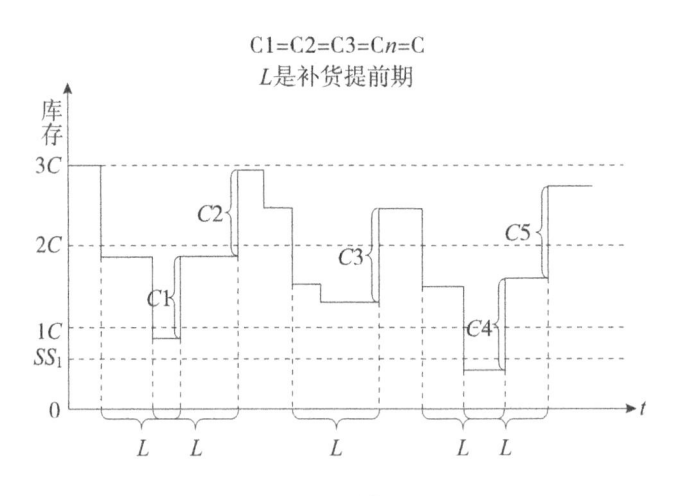

图13-7 看板方式

因此，假设我们先设定某个物料的每次补货的数量是 C，最高补货点 $s_1 = (K-1) \times C = L \times D + SS_1$；其中；图中的案例经过计算需要设置 $s_1=1200$；$C=600$，那么我们需要3张看板。第二个补货点是 $s_1=(K-2) \times C=600$，无论 K 是多少，最低的一个补货点总是 C。一开始的库存是3个容器都满的，是1800件。当第一个容器内的600件被消耗掉时，库存来到了1200，触发了补货，第一张看板就被送到补货方。下一次触发点可能是1200（第一张看板的补货已经到位），可能是600（第一张看板的补货还没有到位而第二张的消耗已经完成了）。当K=2时，只存在1个触发点，第二个容器内物料消耗完之前，第一个容器必须被装满，否则就缺料了。用4张5张甚至更多的看板，实际上就是设置多个不同的补货点，从而降低每次补货的数量。

通过提高补货频率降低平均库存，这就是看板情况下比补货点法（s, Q）的库存可能会更低的原因。读者阅读了前面的章节，对这个逻辑应该很熟悉了。

四、工单需求法

只检查本工单所需要的物料数量进行补充，不考虑库存与其他因素，也不设安全库存，本生产工单需要多少就补充多少。这样做库存最低，计算最简单，看似应该大力推广，事实上却应用不多，因为它的很多要素受到限制。

不可以应用于相对交期长的物料，否则就是缺料；每个工单需求数量可能很少，因此这些物料最好没有MOQ、MPQ、经济批量等约束；物料使用频率必须很低，否则计划和采购人员等工作量太大（因为需求不合并，物料被频繁使用会造成频繁采购）。所以真正应用工单需求法来做计划的业务场景是不多的。这一般只适用于大型装备制造企业，例如轮船制造等，低频次需求、物料又很贵。还有就是每单都定制的物料不得不采用工单需求法，在ETO模式的企业就有大量的物料运用这个计划方法。

由于这种方法逻辑直白且简单，后面笔者就不再讨论这种补货的计算方式了。

第二节　物料计划方法的业务特性对比分析

在理解了几种主流的物料计划方法（实际上是计算中的运算转换规则）后，我们在这里做一个对比与总结。

1. 在需求平稳波动小的条件下，四种计划方式的特性进行对比

业务假设：日平均需求量为D；库存检查周期（计划周期）为R；物料提前期为L；物料需求波动标准差为δ；z为服务水平因子；经济补货批量Q；假设库存消耗是线性的。看板设置逻辑是$K=(DL+SS_1)/C+1$，C是一个看板代表的物料数量。

$$SS_1 = z \times \delta \times \sqrt{L}$$

$$s = L \times D + SS_1;$$

$$SS_2 = z \times \delta \times \sqrt{R+L}$$

S取一个数，应当不小于$DL+SS_1+Q$，假设为$DL+SS_1+Q$。

表13-1　几种物料计划方法对比

计划方式	MRP	看板	补货点法 (s, Q)	补货点法 (s, S)	补货点法 (R, S)	补货点法 (R, s, S)
安全库存	SS_2	SS_1	SS_1	SS_1	SS_2	SS_2
补货点	当可用库存<0时	多个补货点，最高的是 $DL+SS_1$	$DL+SS_1$	$DL+SS_1$	无	$DL+SS_1$
库存下限	SS_2	SS_1	SS_1	SS_1	SS_2	SS_2
每次补货数量	$D \times R$	C	Q	$(S-i)$	$(S-i)$	$(S-i)$
日平均库存	$0.5D \times R+SS_2$	最高是 $0.5DL+SS_1+0.5C$；K越大，C越小，平均库存越小	$0.5DL+SS_1+0.5Q$	$(0.5S+0.5SS_1) \geq 0.5DL+SS_1+0.5Q$	$(0.5S+0.5SS_2) \geq 0.5DL+SS_2+0.5Q$	介于 (R, S) 与 (s, Q) 之间
补货间隔周期	R	C/D	Q/D	$(S-s)/D$	R	R 的整数倍

针对需求比较平稳的业务假设下，观察表13-1可以总结出一些现象。

一段时间内总需求数量为补货次数×补货批量；在总需求量变化时，MRP、补货点法 (R, S) 计划采用固定的频率结合变化的补货数量（类似于调幅收音机中的调幅AM，定时不定量），看板、sQ 采用固定的补货批量结合变化的补货频率来变化（类似于调频收音机调频FM，定量不定时）；而补货点法 (R, s, S) 和 (s, S) 则补货频率和补货数量都有可能变化。

无论哪种方法，安全库存数量都受到物料提前期、服务水平因子、需求波动的标准差影响，且影响力类似。计划周期 R 与物料提前期 L 都会影响MRP安全库存数量，R 与 L 越大，安全库存越高。周期性检查库存的补货点法 R, S、R, s, S 和MRP需要更多的安全库存，因为实际上间隔的周期人为地延长了提前期。

看板、补货点计划方法下的库存受到物料提前期影响很大，还包括了 L 期内的需求量；与此相反，MRP计划方法下的库存受到计划周期 R 影响很大，但是不受物料提前期的影响（除了安全库存以外）。看板的逻辑和 (s, Q) 非常相似，当 $K=2$ 时，看板只有一个补货点，逻辑和 (s, Q) 就逻辑一致了，但是补货经济批量 Q 取决于供应特性——经济采购批量，而 C 取决于需求数量（也会受限于经济补充批量）。一般情况下如果有条件，企业会提高K的数量，从而缩小补货批量C，通过提升补货频率而减少库存。

2. 在需求波动大的情况下，不同的计划方式对应的过程和结果有何不同

简单起见，补货点法不再参与分析。假设业务场景如下：在各个库存检查周期内R_1、R_2、R_3的平均日需求分别为D_1、D_2、D_3，其中D_2远大于D_1，D_3又约等于D_1；在安全库存设置时的标准差已经考虑了需求波动，后面分析中假设不调整安全库存水平。这里画个时间轴，以免混淆，如图13-8所示。

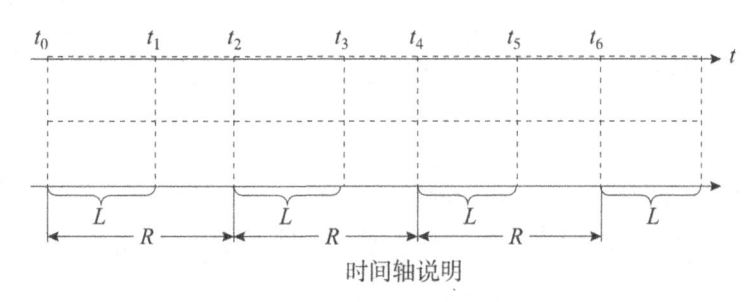

图13-8 时间轴说明

业务假设1：提前一个提前期L以上预见到需求变化从D_1变到D_2再变到D_3时的应对策略。

表13-2 业务假设1下计划方式对比

计划方式	MRP	看板
对策	与以往相同的做法，每个R时间点上计算一个L周期后的R周期内需求	保持补货批量C；为了保证在t_2开始之后有足够的供应，最早需要在(t_2-L)之前增加临时看板；同样在(t_4-L)之前减少看板数量
计划过程	在t_0、t_2、t_4时分别计算出t_1、t_3、t_5时间点上需要到的物料需求 根据计算结果发布补货计划	在(t_2-L)、(t_4-L)之前重新计算物料需求 根据物料需求重新计算看板数量 发布新的看板数量
工作量	没有变化	增加很大工作量，当波动越频繁，工作量越大
工作结果（缺料vs库存）	由于是可预见的波动，结果仍然符合预期	
小结	在波动可预见时，及时地调整采购数量或者看板数量，都可以取得预想的业务结果。但是看板的工作量是在MRP展开BOM、确定需求时间和补货时点的基础上，额外增加了看板数量计算和看板增减时间点的控制。当物料种类多且波动频繁时，工作量就很大；更关键的是各物料L不同，每种物料需要控制看板增减的时点不同，控制的复杂度很高	

业务假设2：在交付周期 L 前，没有预见到需求变化；在 t_2 时还认为需求是 D_1、在 t_4 时还认为需求是 D_2，物料计划参数、安全库存、看板数量没有调整；

表13-3 业务假设2下计划方式对比

计划方式	MRP	看板
补货数量总量	最终总量是正确的	最终也是约等于总消耗量（补货数量有批量 C 的要求造成差异）
首次反应后对策时点	第一反应时间点是在 t_4 这个点，延后反应周期 R	第一反应时间点是在消耗第一个 C 以后扔出看板时间点为 C/D_2；C 越小，反应越快
首批调整后的物料到达时间	$R+L$；一次补齐一个 R 内的供需不平衡	$C/D2+L$ 后；陆续达到。从第一块高峰期后传递的看板起，每块加快的看板都弥补一部分"供需不平衡"
高峰周期内发生缺料的可能性	可能；t_2 到 t_3 的时间段内累计需求，比预期数 $D_1 \times L$ 消耗多得太多，以致安全库存无法弥补这个缺口	可能；高峰期内的总消耗量大于根据看板补充的总数量。消耗完设计看板时的安全量为止
小结	由于突发需求无法预见，两种计划方式都会产生缺料风险和库存冗余的风险： 当波动持续时间很短时，但是波动幅度很大，MRP反应时间是 R，而看板的完全反应时间是与总波动的数量有关，而不与 t 直接相关（因为不调整看板设计方案）。但是当 T 持续时间较长时，一定会调整看板设计方案，二者完全反应的周期都是 t 或接近 t MRP 是以 SS_2 来抵御期间的缺料风险 看板是以 SS_1 来抵御期间的缺料风险 推论1：假设两者周期一致 $C/D_2 = R$ 的时候，由于 MRP 方式下安全库存更高，缺料概率会更小 推论2：为了增加灵敏度，应该尽量减小看板 C 增加看板数量 K 而 MRP 应该尽量减小 R	

经过以上分析，我们得出一些结论。

（1）提前期越长，越倾向于采用 MRP 方式，因为当 $R<L$ 时，MRP 计划下的平均库存 $0.5D \times R + SS_2$ 可能小于看板计划下的平均库存（$0.5D \times L + SS_1 + 0.5C$），虽然 SS_2 大于 SS_1；相反提前期越短，越倾向于看板。

（2）波动很大（Z类）而且无法预见时，看板具有的自动调节功能（看板扔出的频率会自动根据消耗数量调节），使得需求低谷时库存增长相对量较小；MRP 因为设置的安全库存较高，在防止缺料上具有一定的优势，只要这个优势不要被过长

的 R 消费掉。

（3）双方对预期外的波动的反应时间，分别取决于 R 的设置以及 C 的设置。MRP 总反应时间取决于波动的持续时间和 R 的比较关系；看板的总响应时间取决于总的波动数量和单个看板数量两者关系，没有调整看板方案时，就取决于波动的总数量了。

（4）波动即使很大但可以预见时，两者都不应产生缺料和计划外库存，MRP 操作简单一点，看板则需要依据波峰波谷去调整一下看板数量。波动越频繁，调整的工作量越大；物料种类很多且物料提前期不一致时，其控制方式很容易失效。

第三节　物料计划方法的选择

每个计划从业人员一定希望本书能够提供更加明确的物料计划方法的选择，毕竟有个明确的结论，实践起来就容易一点。

经过前面的分析，我们大致地可以梳理出以下一些脉络。

（1）各种物料计划方法各有利弊。这些利弊主要体现在包括对库存控制的影响、安全库存设置的高低，缺料的可能性等计划业务结果以及作业成本的高低。

（2）这些利弊是随着业务场景变化的，这些业务场景包括需求端的特性例如波动大小程度、波动是可以预见的还是不可预见的、日平均需求、服务水平等。

（3）这些业务场景也包括了供应端的特性，例如补货提前期、库存检查周期 R、预设的每次补货数量或者补货频率等。

（4）当然这一些也受到前面章节讲的 MOQ、经济批量等的限制。

在这些脉络里，有两点是之前没有说明过的，一是波动大小，二是需求波动的可预见性。下面我们对这两个特性加以说明。

一、可预见性和相对提前期

在现实中，需求可预见是很难的，只有在相对提前期短的时候，才能真正地掌握需求。这里解释一下相对提前期。

在很多场景下，提前期相对长还是短非常重要，有时候比提前期绝对长还是短更重要。例如你去买瓶矿泉水，你对提前期的要求是 1 分钟，即使店主告诉你等 10 分钟去隔壁仓库取货，你也不接受。而船用发动机的提前期可能是 1 年，客户仍然欣然接受。所以矿泉水 10 分钟的提前期是相对长，相对于客户的期望太长了；而发动机 1 年的提前期是相对短，因为完全赶得上客户的装配计划要求的时间点。

我们把提前期按照时间的顺序分为 L_1、L_2、L_3，L_1 是物料补充的提前期（包括供应商的物料供应周期、内部单据处理周期、检验周期、物流周期等）；L_2 是半成品生产周期；L_3 是成品生产周期。如图 13-9 所示。

在 ATO、MTO、ETO 模式下，我们认为在 D_0 这一天收到客户订单时才能真正地确定需求。

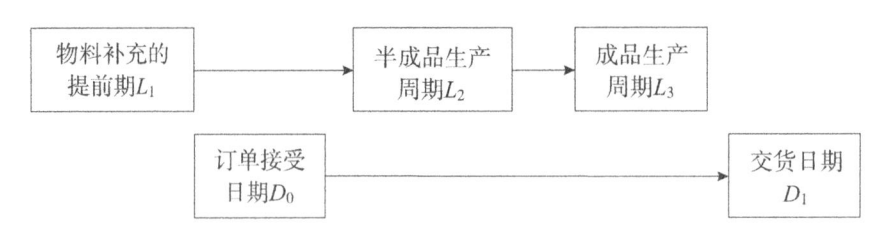

图 13-9 相对长提前期

在图 13-9 中，整体供应提前期大于客户需求的交付周期，即 $(L_1+L_2+L_3) > (D_1-D_0)$，我们把物料提前期定义为相对长。相对长交期下，所有物料补充决策都需要基于预测而不是基于客户订单需求，随之带来了缺料或者多料的风险。

图 13-10 相对短提前期

在图 13-10 中，整体供应提前期小于客户需求的交付周期，即 $(L_1+L_2+L_3) < (D_1-D_0)$，我们把物料提前期定义为相对短。相对短交期下，所有物料补充决策都

可以基于客户订单需求而不是基于不可能完全正确的预测。

当然，有的企业很幸运，他们可以准确地预测到足够远的需求数量或者客户提供预测并对预测承担责任。那时候真正地确定需求的日期不是订单接受日期D_0，而是预测提交的日期D_f。我们这里的逻辑的重点是需求确定的日期早于或晚于必须决定供应的日期。所以应该把D_0改成D_f来判定相对长还是相对短。很多物料就会从相对长的提前期变为相对短的提前期。

在MTS这种生产模式下，情况有什么不一样呢？其实我们在设计成品库存补货方案的时候，逻辑上一定是采用了前面的补货点法。在补货点法里我们基于某种场景假设确定了补货周期L，例如25天、生产周期是10天，那么留给物料补充周期是15天。补货点$s = L \times D + SS_1$，是基于$L = 25$天来计算的。那么现在把这个$L = 25$天当作MTO模式下的$(D_1 - D_0)$就好了。只要补充周期短于15天的物料就是相对短提前期。可以看到我们还是可以用于衡量物料的相对提前期。和其他生产模式相比，MTS模式下的提前期相对长还是相对短的概念就没有本质的区别。

二、波动性

波动性是在一定周期内物料使用的数量的变化程度。一般来说，物料的通用性越高和使用频率越高，需求波动性就会越低。举个例子：在每年250个工作日里，A和B物料消耗总数量都是3000件，但是检查消耗记录时发现是这样的：

A有200个天数领用记录，其中最高一天消耗20个，最低10个；另外50天没有消耗记录。

B只有20个天数有领用记录，最高一天消耗300个，最低30个；另外230天没有消耗记录。

大家一眼就可以看到B的需求波动性远远大于A，同时A的使用频率远高于B的使用频率。当我们需要用数学值去衡量时，建议用以下数值：

方差：一组数据中每个数值与平均值之间差异的平方的平均值。

标准差：方差的平方根。

变异系数其定义为标准差与平均值之比，计算公式为：变异系数=（标准差÷平均值）×100%。变异系数越大，波动性就越大。至于变异系数达到多少是大波动，大家只能自行规定，无法给出一定的数值。

在有了波动性和相对提前期后，我们就开始物料计划方法的选择。

我们将不同的供应相对提前期长短和ABC分类交叉形成矩阵，然后就可以根据表13-4来定义。

表13-4　相对提前期分类矩阵

类　　别	A类	B类	C类
相对提前期长L	定义为AL	定义为BL	定义为CL
相对提前期长S	定义为AS	定义为BS	定义为CS

B类物料可以衡量后决定靠向A或者靠向C。各个企业情况不一样，大企业的B物料金额远远大于小企业的A类物料。这里是为了说明选择计划方式的依据而做了分类，是为了总结出一些指导性的原则。

首先看相对提前期短的物料的计划方式。对于这些物料，实际上计划人员比较轻松，业务的决策风险几乎没有了，选择物料计划方式的着眼点就是哪个方式更轻松、作业成本更低。

如果物料需求波动性不大，看板或者订货点法不太消耗计划员的时间，则是比较好的选择。看板和订货点之间进行二选一就可以，看板补充频率可以灵活设置得更高，所以可以降低库存，因此金额大的AS倾向于选择看板，金额小的CS倾向于选择补货点法。

如果物料需求波动性大，前面已经论述过了，比较好的是MRP，因为用看板和补货点相对要调整参数多，更麻烦。如果不调整的话，其结果要么缺料要么多出库存。当然如果CS确实金额很小，你不在意多一点库存而更在意补货作业成本，那你可以继续选择补货点法，只是波动大就要高一点的补货点。其实如果企业不太在意库存数量，允许保持较高的平均库存数量而更在意作业成本，其实都可以选择补货点法，除非这个物料极少用可能呆死。

表13-5　AS类与CS类不同波动下的选择

类别	AS类	CS类
波动大	MRP	补货点法
波动小	看板	补货点法

补货点法可以真正应用经济批量概念。而MRP、看板等如果被经济批量或最小采购量限制时，其计划逻辑立即失真；如果你基本上每次补货都是需求量太小被迫按MOQ买的，那就用补货点法（s, Q），只是补货触发点要小心一点别设太高。

还有一些特殊的场景是某些物料无法用MRP去准确计算，例如钢板，由于裁剪的原因，库存里的总数量是否满足需求很难计算；某些消耗性物料是以一罐一桶的整数发料的，单位消耗数量又不准确；像这些情形都可以考虑选用看板和补货点法。

再来看看相对长周期的物料。这些物料才是计划人员的难点和痛点。尤其是AL类物料，金额又大又预见性不足，物料计划业务的难点和关注焦点就在于此。

前面一节分析过了，所以这里推荐的选择原则如表13-6所示。

表13-6　AL类与CL类不同波动下的选择

类别	AL类	CL类金额小
波动大	MRP	补货点法
波动小	MRP	补货点法

选择方法总结如下：

（1）物料绝对提前期长的（无论波动大小），尽量选择MRP，因为MRP平均库存（不含安全库存）不受提前期影响。

（2）波动很大的物料（无论绝对提前期长短），尽量选择MRP，因为MRP调整参数操作相对简单，而且在业务结果上没有明显不足。

（3）物料提前期短且波动小的，尽量选择看板，因为看板一旦设定，其工作量是最小的，对IT系统依赖很小，对基础数据也不再依赖。

（4）物料相对提前期短的，其实库存控制最优的是工单需求法，但是考虑到来自不同产成品对物料需求的合并处理以便减少作业成本、实现MOQ等因素，会转到MRP或者看板。

（5）物料相对提前期短且波动大的，尽量选择MRP。

（6）物料相对提前期短且波动小的尽量选择看板，只有使用频率很低的可以保持工单需求法。

（7）相对提前期长的物料，一般来说很难靠产成品预测来准确地确定需求。在需求不太准确情况下，很难设计看板系统，因此建议选择MRP。

（8）C类物料，应该简化，注重节约操作成本。对部分通用性高、常用的物料，建议牺牲一点库存周转指标而降低工作量，可以选用补货点法。在设置库存盘点参数R的时候，一般远大于MRP的计划周期R；而一般把补货点s和库存上限S设置得较高，以便降低采购频率。

（9）在选定MRP后，其R的设定，越小越有利于库存控制和防止缺料，但是计划的"一日三变，朝令夕改"也会使得生产和采购部门无所适从。应该对A、B、C物料设定不同的计划周期以及需求合并周期（理论上这两个周期应该保持一致）。

（10）在选定看板方案后，C越小（K越大）反应越灵敏，但是采购频率增加也会带来作业成本的问题，同样需要仔细权衡，不仅仅是容器的容量的问题。

一个企业有不同特性的物料，应根据物料分类不同采用不同的物料计划方式。

笔者非常反对很多企业"一刀切"的做法，而主张"因料制宜""因时制宜"。

所以很有可能企业里同时有多种计划方式，比如MRP+看板，或MRP+订货点法等。

本章给出的各类分析，都包含了大量的业务假设，也使用了一些数学推导和公式，但是没有严谨的数学模型和演算，因此这些结论也可能存在对某些业务场景的不适用。如有读者有兴趣且数学功底强，可以进一步建立数学模型进行更严谨的演算。

第十四章
生产计划方法

前面讲了计划方式的核心实际上是一种计划的运算转换规则集合，体现为某种公式、函数、表达式等。物料计划方式里包括了MRP、看板、补货点法和工单需求法四种不同的方法（函数）。而生产计划方法，大家比较熟悉的还是MRP和看板，还有的就是PMC里包含的一些运算转换规则。除了MRP、看板、PMC，"新兴"的APS软件正在崭露头角。这里讲的MRP既是一类软件也是一个运算转换规则，看板既是一个管理系统也包含了运算转换规则，PMC既是一个管理流程体系也包含了一部分运算转换规则。APS也是一样，它既是一类软件的名称，也代表所有内部这些运算转换规则。在本章讨论生产计划方法时，按照大家的习惯，直接用APS、PMC、MRP、看板来指向其内部的运算转换规则，请读者一定不要混淆。

从20世纪40年代以来，用数学方法进行精确计算来安排生产计划，一直是一个重要的研究课题，但是迟迟没有突破。究其原因，是生产计划确实过于复杂。研究人员一旦对生产计划与排程展开数学逻辑研究，总是发现原来的数学模型不够用，需要深入地去创建更复杂的数学模型。幸好人类总是有杰出的学者不惧艰难，孜孜不倦地进行研究并取得了突破。1954年Johnson研究讨论了两台机器上的流水作业问题，建立了问题的数学模型并给出了模型的求解算法。1956年Jackson把该模型扩展到异序作业情形，Smith研究了多个单机排序问题的模型和求解算法。这些研究工作揭开了排序与调度[①]问题研究的序幕。20世纪70年代以色列籍物理学家和企业管理大师高德拉特博士先后发明了OPT最优生产技术并演化为20世纪80年代的TOC（theory of constraints）约束理论，虽然不属于排序与调度领域范畴，却对

---

① 排序与调度理论是一门研究如何最优地为一系列任务按时间分派资源的学科。每一个任务可能有它的优先级别、就绪时间和交货期；排序与调度的目标是优化与时间相关的一个函数，例如最小化完成任务的时间。以上正文和本条注释摘自万国华教授编著的《排序与调度的理论、模型和算法》。

解决这个领域的研究提供了很好的借鉴。随着这些理论成果的出现，对排序与调度的研究也越来越深入，排序与调度的各种数学模型出现了，例如带有约束条件的排序与调度、多目标排序与调度。

这些研究成果，在数学模型上已经基本接近现实中的生产计划与调度了，因而这些数学模型被陆续运用到实际工作中。

然而这样复杂的数学模型，却无法大规模地推广应用，企业界不可能训练出这么多"数学家"来掌控这些模型的应用。把这些数学模型封装成计算机程序中的运算转换规则是一个自然而然的选择。于是在20世纪80年代，第一个完整意义的APS软件诞生了。APS不但启用了排序与调度算法，还运用了"古老的"甘特图等。然而排序与调度的复杂性带来了天量计算，过去的计算机无法满足企业界对计划与排产计算速度的要求。笔者在2009年导入APS时，不得不把一个模型中的23个约束条件削减到17个，以便公司的计算机可以在合理的时间内给出排产结果。感谢计算机算力发展的摩尔定律，这十多年来，计算机的算力又增强了几十万倍几百万倍甚至更多。现在运用APS软件进行排产，一个典型的工厂排产计算过程大约需要1~2分钟，甚至20秒以内，视数据量和逻辑的复杂程度不同而变化。

运用计算机技术结合数学方法来实现生产计划与排产的APS时代终于到来了。

然而，APS软件的推广应用却完全不尽如人意。在产业界，大多数工厂的管理员只是知道APS这个名词，知道是用来排产的，知道是有限产能约束的，对其他却知之甚少。理应成为产学桥梁的专业咨询顾问、培训老师，很多人不但没有成为推手反而反对APS的推广应用。学界的专家们讲的深奥的数学模型无法让大部分受众理解掌握。有些APS软件从业人员喜欢堆砌一大堆玄之又玄的算法名词，让用户望而生畏，无法深入去了解APS。另外在实际应用案例中，好多的APS软件一涉及详细调度计划就失败，这也给行业带来了很大的创伤。这些因素都阻碍了APS的推广。

前面我们讲计划参数、业务逻辑、运算转换规则的关系时提到，运算转换规则是用于实现业务逻辑的，业务逻辑是基础，运算转换规则是高级的数学方法。笔者想基于一些业务的语言来描述这种运算转换规则，用一些业务逻辑的描述替代高深的运算转换规则的描述。这样既在笔者的能力范围，又可以避免读者去阅读那些枯燥的数学，同时也在理论和实践之间架起一座桥梁。以下的叙述都是基于 APS 计划方式的。我们先来描述一下生产计划的基本要求。

（1）每一项生产计划应该至少包括这些内容：生产对象和数量、开工时间和完工时间。在离散行业的详细调度计划里，需要针对每一个工序给出这些内容，如果不同的工序不是完全连续作业的话。如果流水线作业完全一个流生产，可以把整条流水线当作一个工序。推而广之，在流程行业里所有工序都是完全连续的，就不需要这样分解到工序，而是分解到生产线即可。

（2）生产计划还要包括每一项生产任务使用哪些生产资源，资源包括生产线、机台、模具、工装、人力、物料等。在详细调度计划里，需要针对每一个工序给出这些内容。

（3）生产计划必须具备可行性，也就是说能够让生产部门完全按照计划执行。这意味着生产计划要充分考虑约束条件，必须满足某些条件，同时必须排除某些情景。

（4）生产计划必须是优化的，也就是合理性高的。相比合理性低的生产计划，它们会让整个生产系统表现得更为出色，例如效率更高、周期更短、库存更少、产出更多，等等。

怎么让生产计划达到这样的要求呢？在没有 APS 时，富有经验的计划员相比年轻的计划员更能满足这个要求，不过这些老计划员也只是基于常识、简单逻辑和经验带来的一些感觉来做出判断。大家都知道老计划员的方案不一定是最合理的，但是谁也不知道最合理的是什么样的，于是大家就这样接受了。现在来到了 APS 时代，我们有必要梳理一下各种业务逻辑，以便帮助我们更深入地理解生产计划。

我们主要是需要理清楚生产计划众多要素之间的关系。最基本的是要理解 $y=f(x)$，y 是最终的生产计划的结果，x 是影响生产计划结果的变量，不是一个变量，而是很多变量组，而且变量之间还存在着数学关系。也就是说 $y=f(x_1, x_2, x_3, \cdots, x_n)$，$x_1=f(x_{11}, x_{12}, x_{13}, x_{1n})$，以此类推。笔者认为计划与排产涉及以下几大变量。

（1）目标，例如业务目标，及时率、库存、生产效率等。计划活动要让整个业务目标完成得最优。

（2）任务，一段时间内需要完成哪些任务，如生产任务、交付任务。一切活动是为了完成任务。

（3）资源，企业提供什么样的资源来完成任务。资源包括人、机、料、环等。

（4）业务规则，不可以天马行空，必须按照规则来。这包括了工艺规则、排序规则、资源分派规则等，这些规则中隐含了逻辑和参数。这些逻辑就是最重要的对应法则 f 的来源，也是运算转换规则（计划方法）的来源。

排序与调度理论是一门研究如何最优地为一系列任务按时间分派资源的学科。简单来说，任务与资源是两个最重要的要素。下面我们来梳理这两个要素之间的排序与调度关系。

1. 生产任务和生产资源两者之间的分派逻辑

（1）资源与生产任务之间的关系是怎样的？这个就需要我们在制造BOM里做好对应。每一个产品的每一道加工的工序需要用到什么资源，单位数量的生产任务的资源消耗量是多少（数量、时间）。

（2）有限资源不够了派给谁？这里首先是一个按照各种逻辑进行任务排序的逻辑，任务们排成队列 $A_1 A_2 A_3 \cdots A_n$；某个预期的时间段的生产资源按照生产任务的排序逐个分派，先给 A_1 分派足够的资源，剩余的再派给 A_2 直到 A_n。当派到某个任务例如 A_9 时资源不够了，就运用预期的时间段以外的资源，如果这个以外的资源时间段晚于任务规定的完成时间，就是逾期了。

2. 本级生产计划和下级供应计划之间的分层与联动逻辑

（1）下级是本级计划的关联需求。在排产的时候，首先是排出本级的生产计划（基于它自身的资源约束）；有了本级生产计划的开工完工时间，必然可以产生与之匹配的针对下级的需求计划。在这前半轮循环中，基本假设是，下级供应计划要满足本级需求计划。

（2）然而，当计划继续深入时，可能会发现下级供应计划满足不了需求计划，下级的供应延误了，并知道延误到何时。这个情况报告给本级，本级生产计划受到了下级供应计划的限制，不得不进行调整。

（3）如果层级很多，其调整在1、2层，2、3层，3、4层之间不停地滚动，一直到最下面一轮。先自上而下再自下而上地调整。这样才算完成了一轮排产。

（4）物料需求计划是一种比较特别的下层供应计划。一般来说，基于这样的逻辑来协同：先假定物料供应是充分的，因此起先编制生产计划时不考虑物料的制约。但是当生产日期临近时，计划员认为有些缺料不可避免，所以计划员就选择用物料状态去限制生产计划，例如物料齐套了或者预计齐套了才可以启动生产。

总的来说，上下层之间就是逐层滚动、联动的逻辑关系。每一次计划与排产过程就是完成一个完整的轮次，先从上而下，再从下而上调整。这一次排产结果又是下一次的输入，周而复始，如图14-1所示。

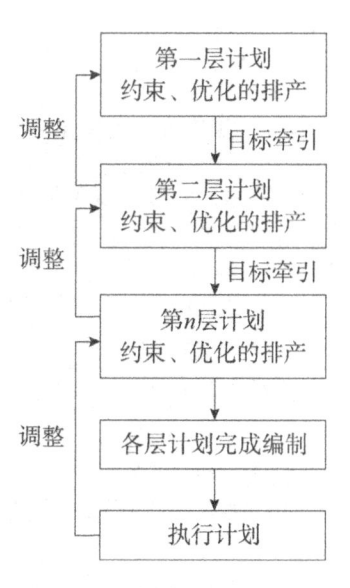

图14-1　计划的分层与联动

3.前生产工序级任务和后生产工序级任务之间的排序和协同逻辑

在流程制造行业，因为是连续生产，所以工序之间关系很简单，就是连续转移的关系。

在离散制造业，工序之间的关系要复杂得多，这需要考虑多方面的因素。

（1）工序之间是否要连续？精益生产的目标都是连续生产，即流水线单件流作业方式。但是很多行业工序之间是不连续的，工序之间是有半成品库存的。

（2）工序之间的连接关系，常见的分别是ES、SS、SSEE、EES、ESE、

ESSEE、SSEEE，如图14-2所示，其实还有其他连接关系。最常见的是ES，即前工序完成再开始自工序，如表14-1所示。

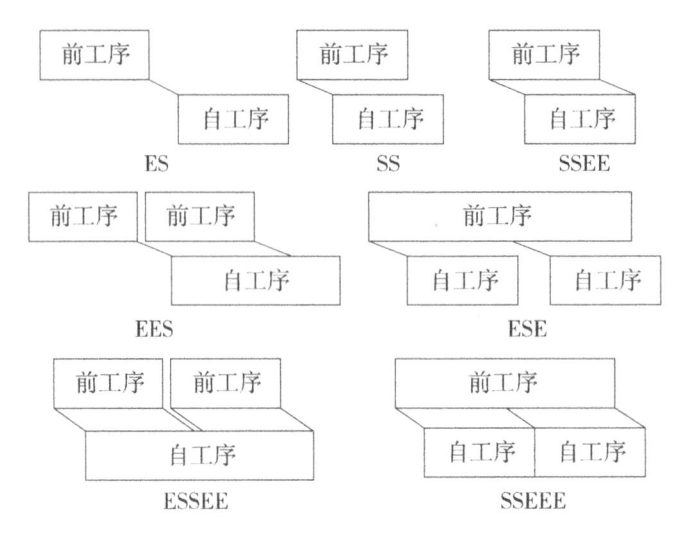

图14-2　工序间连接关系分类

表14-1　各种连接关系

连接关系	英文名	解　　释
ES	End-Start	前工序完成后开始自工序
SS	Start-Start	前工序开始后开始自工序
SSEE	Start-Start, End-End	前工序与自工序的开始时间和结束时间都刚好衔接上；既不早，也不晚
EES	End-Each-Start	前工序任务分割，且每个分割出来的每个前工序任务，都与自工序对应数量的任务保持ES关系，不被分割的情况下与ES相同
ESE	End-Start-Each	工序任务分割，且每个分割出来的每个自工序任务，都与前工序对应数量的任务保持ES关系，不被分割的情况下与ES相同
ESSEE	Each-Start-Start, End-End	前工序任务分割，且分割出来的每个前工序任务，都与自工序对应数量的任务保持SSEE关系，如果没有分割与SSEE相同
SSEEE	Start-Start, End-End-Each	自工序任务分割，且分割出来的每个自工序任务，都与前工序对应数量的任务保持SSEE关系，如果没有分割与SSEE相同

（3）工序之间的转移批量，是单件流，还是完成一个工单后下工序才开始，还是完成一个规定的批量（例如一箱50个）后再开始下一个工序。

（4）工序之间的间隔时间规定，通常是无间隔时间要求、最小间隔时间（在规定的时间内必须开始下工序）、最大间隔时间（在规定的时间后才可以开始下工序）等。

（5）工序之间是否严格按照工序编号顺序进行？在某些行业，工序前后关系可以是灵活调整的，例如通常的工序顺序是1、2、3、4、5，某种情况下可以变更为1、2、4、3、5之类，在机加工和装配行业会存在这种现象。

4.不同订单的生产任务之间的关系

（1）很多任务要分配给资源去执行，很容易产生时间冲突，那么应该谁排在前面呢？排序是计划与排程的基本工作。通常交货期是最常见的考虑因素，交期早的排在前面。但是架不住"有来头的订单"要插队，那么排序又要考虑优先级。这时候情况就复杂了，例如订单按交期先后编号F_1、F_2、F_3、F_4、F_5；但是F_4是有来头的。一开始它想插在第一个，排序就变成了4、1、2、3、5。结果F_1跳出来说："你这样插队，我就来不及了，要不你排在我后面试试。"结果一算，插在F_2前面刚好来得及。这样排序就变成了1、4、2、3、5了。所以优先级和交货期是两个必然考虑的逻辑。当两个同时考虑时，逻辑就很复杂了。即使只有5个订单，也有可能有很多种场景。何况很多公司一次要排成百上千甚至上万个订单。

（2）光考虑优先级和交期是不够的，例如F_1、F_2、F_3、F_4、F_5中，F_5和F_2是同一型号或者相似的型号，如果让这两个连续生产，车间里可以省很多换模时间、上料时间等。那我们依据一定的逻辑来判断是否要让它们连起来。如果连起来，那是F_5往前移还是F_2往后挪，又是个烧脑的事情。这里的F_5、F_2要相依相偎，别的场景下可能还有相互排斥的关系，例如有的企业就会规定产品A和B不可以连续生产，这种情况不一而足。

（3）比较复杂的情形是"混流"，A工单生产1件后面不是再生产A，而是生产B工单产品1件，甚至再D再C，这个在精益工厂里很常见，如冰箱厂的发泡工序、电子厂的波峰焊工序，等等。"混流"的逻辑是指多个生产任务的工件交替生产，而不是传统的一个任务完成再做其他任务。

（4）还有组分派，某两个产品必须配对生产，例如，笔帽和笔身在喷漆时最好一起生产以免产生色差。

5.不同的生产资源之间的关系

第一种场景： 工厂里可能有多个一模一样的资源 M_1、M_2、M_3，那么生产任务来了，用哪一个资源？或者怎么分担任务？3台机器度平均负荷这是一种可选逻辑。然而如果是切换成本高的设备，一般采用一台不够用再开第二台的策略。

第二种场景： 资源 M_1、M_2、M_3 很接近，基本一致，稍微有点差别。这时候企业就需要建立逻辑以便进行判断决定。例如VIP客户的订单尽量排在最优的 M_1；一般的订单最好派给加工成本相对低的 M_3；等等。如果换成人这个资源，有的行业不同的人掌握不同的岗位技能且生产效率差别很大，例如钳工、手工绕线等岗位，这时候的排产逻辑往往是希望尽可能满足岗位的对人力资源需求并且尽量让每个人做自己擅长的工作。

第三种场景： 资源之间是组合配套的关系，例如设备资源 M_1、M_2、M_3；模具资源 t_1、t_2、t_3，t_1 可以配套 M_1M_2；t_2 可以配套 M_3M_2 之类。在挑选设备时，就一定要考虑到另外一个模具的占用情况。

为了表述得更清楚，笔者将上述内容的五种关系分开来说，每一种关系下面的逻辑笔者也是仅仅讲了一些最常见的。其实这只是冰山一角，实际的业务场景远比这些复杂。因为每一种关系下还可能有很多的逻辑，而且5组关系在实际业务场景中是缠绕在一起的。如果你学过一点高等数学，你就知道即使最小型的工厂，只有10个订单给你排，只有一个工序，它理论上最多 $10! = 10 \times 9 \times 8 \cdots \times 2 \times 1$ 种可能，然后如果是10道工序，那最大就有 $10!$ 的10次方数量的可能排序。对那些业务复杂的公司，就更无法想象了。面对这样的环境，计划员还是需要在极短的时间里在"大兴安岭找到一棵最美的树"，而可以仰仗的是一份走进原始森林寻树的说明地图。而我们在排产时的业务逻辑、运算转换规则（计划方法）、计划参数等就是地图和它的说明书，就是指引我们从无数多的可能性中，尽快准确地找到正确答案。

没有软件的帮助，当然不可能完成这样的任务。在导入APS之前，计划员采取的应对策略就是大幅度简化逻辑，运用大量的人工直觉判断。笔者给这种逻辑起个名字叫"简化策略"。计划员的另外一个应对方法就是大幅度降低对生产计划本身的可行性和合理性的要求。笔者给这种情况起个名字叫"妥协策略"。其实这两个策略是必然组合在一起，逻辑简化了必然降低计划成果的质量；不降低计划质量要求就不能简化。

"简化策略"和"妥协策略"实际上是过去几十年的无奈选择，因为我们没有更好的工具可以选择。俗话说习惯成自然，有好多企业想当然地认为现在这样的就是合理的，习以为常。当大幅度改善的机会降临时（应用APS技术条件具备了），他们已经感知不到这种机遇了。部分人没有受困于此，想抓住机遇。但是企业长期没有梳理的业务逻辑、不适应新模式的业务人员、欠缺必需的生产计划参数、必需的基础数据和业务数据，加上企业高层很多还不知道"计划之难"，种种不利因素，使得整个改善难以起步，或者起步后步履艰难。所有的改善无法从根本上去系统性地改善，容易来回折腾、来回振荡，最终师老兵疲，结果总是差强人意。

总体来说，企业要改进生产计划业务，对生产计划方法的选择必然是APS和看板。仅有一小部分企业可以选择看板，绝大部分企业只能选择APS。

在优秀的APS软件帮助企业解决了最复杂的运算转换规则问题后，在计算机技术解决了算力问题后，企业需要解决的就是"计算"特性中的其他要素，主要包括数据、计划业务逻辑、生产计划参数。也就是最难的部分已经让优秀的APS厂家解决了，留下来的个性化的部分只能是企业和可能的实施顾问一起来解决了。笔者一直强调"最优秀的APS软件"，因为这个行业里挂着APS名字的软件不一定是有用的APS软件。如果APS软件中封装的运算转换规则数量太少，或者是有的运算转换规则本身就是错的、不完整的，就会导致不能为很多业务场景建立对应法则，或者计划结果达不到应有的目的。同时笔者一直强调导入企业自身的计划业务能力，就是希望企业从业人员能够基于充分地理解业务来梳理、优化整个业务逻辑、设置合理的计划参数。而实施顾问主要的职责就是理解、挖掘、引导企业做好这些事情的基础上，准确地调用很多APS软件内部的函数、表达式等组成整体运算转换规则。这样，数据、对应法则构成了一个完整的模型（这就是APS模型配置过程）。再加上企业的数据管理，整个计划的计算特性中的所有要素就齐全了。这样APS才能真正地满足生产计划的极其复杂的"计算"特性要求，从而让制造业的生产计划业务走上正轨，让计划人员可以"在大兴安岭找到那棵最美的树"。

第十五章
传统生产计划方法的不足

当企业的供应链运作出现了问题，管理层最容易感受到的是：交付不及时、客户不满意；公司库存周转慢；还有交付周期长（经常和交付不及时扯在一起）。他们很容易顺着问题定位到计划组织。这些问题的发生，计划组织确实脱不了干系，虽然可能由很多深层的原因造成，但一般还是由计划组织来牵头承担改善的责任。

有了问题就有了危机，大家都在上下求索，希望能找到解决问题的方法和路径。某些企业会引进空降兵，某些企业会咨询顾问，某些企业会外派员工去听课取经，然后就是选择改善路径。在生产计划方面，基本套路就是改善PMC的业务流程，更周详的方案还要结合MRP或者看板。

然而，当改善项目结束以后很多企业并没有出现普遍性和明显的变化，或者有所改善后慢慢地又回到原来的状态。企业业务的结果没有变化，员工的技能也没有变化。企业内部人员和外部顾问对这种现象可以总结出很多的教训：领导不重视，资源投入不够，领导力不足，变革管理不善，企业变革文化不足，员工缺乏变革意识，利益没有平衡好，员工素质不佳，项目管理不佳，找错了顾问老师，空降兵的方法不适合该企业独具特色的计划业务，等等。总结出来的这些教训有可能是真实的、正确的。问题是，这些教训放之四海而皆准，没有体现出计划变革的特殊性。

这些在企业给计划变革做的总结中，涉及了"业务环境、企业文化、业务特性、人、变革管理"等诸多要素，竟然很少涉及"计划方法"这个本来必然需要涉及的要素。很少有人怀疑改善项目中的PMC、MRP、看板这些方法是不是有问题，难道是因为这些方法很权威所以不容置疑？是因为大家潜意识中把很经典的它们当成了真理？可是哥白尼之前"地球是宇宙中心"是真理，埃隆·马斯克之前"火箭不能回收"是真理。我们是否也可以去找找PMC、MRP、看板有什么不足之处呢？

在前面的论述中，我们知道计划业务本身的本质：流程+计算。在我们深刻理解了计划业务的本质后，可以重新认识MRP、看板计划的方法，找到这些计划方法本身的优点和不足。

第一节　MRP，让人偏爱的偏才

20世纪60年代，MRP最早由美国人提出后，先后经历了早期的物料需求计划MRP、后期的制造资源计划MRPⅡ，最后成为企业资源计划ERP的一个最重要组件或功能。MRP的出现，为利用计算机系统进行工厂计划类工作创造了非常好的数学模型。

1. MRP代表以下几类不同的含义

（1）是物料需求计划的逻辑，指展开BOM计算净需求这个逻辑。这是诞生初期的MRP的含义，也是前面章节中讲的"物料计划方法MRP"。

（2）是制造资源计划的逻辑。这是前面章书中讲的"生产计划方法MRP"。

（3）是指MRP这个IT系统或其功能。

（4）在一些ERP中，将电子看板的补货触发、再订货点的触发、MIN MAX限制条件的应用、MPS级物料的需求计算，都纳入了MRP的范畴。这是个广义的MRP，只要是计算物料和部件需求的都是MRP。

（5）指计划的一个层级，例如MDS到MPS再到MRP这样的计划体系下的计划层级。

为了行文方便，我们一般不在文中做说明，MRP的概念内涵可能一直在变化，请读者务必依据不同场景、语境正确理解其不同的含义。

MRP受到了各企业的热烈欢迎，成为一种"必备品"。能不能跑起MRP成了衡量企业计划管理水平的一个标杆、是否掌握MRP是评价计划员能力的重要标杆。MRP集万般宠爱一身，风头一时无两。很可惜的是，随着时间的推移，越来越多的人发现，或许我们对MRP寄予了过高的期望。它很有用，强调了"计算"，是一种计算逻辑，这是对计划的"计算"特性的很好应对。但是它不能解决很多计划的问题。

2. MRP主要的能力弱项有几个方面

（1）MRP Ⅱ名为制造资源计划，实际上对制造资源只具备简单计划的功能。最直接的是关于产能，MRP Ⅱ计算的时候是基于无限产能，然后以有限产能为参考标杆，给出产能负荷率超过上限的提示。计划人员根据提示，再进行人工调整，以便负荷不超限。图15-1就是一个调整的过程。而在实际业务中，调整远远比这个图复杂，因为订单更多，交货期和生产周期不是整齐划一的，所以计划员的人工调整模拟需要多次反复，而结果仍然是不精确的。

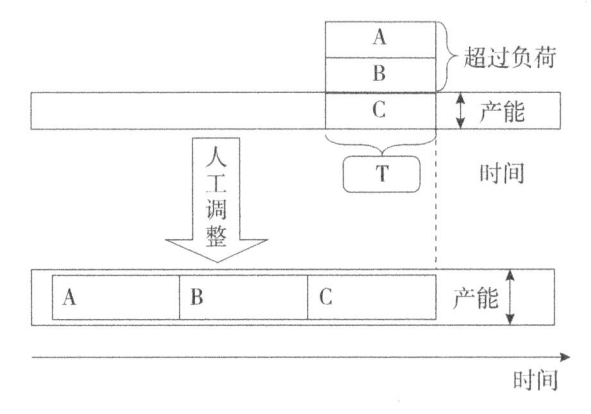

图15-1　MRP中超负荷的人工调整

（2）MRP对时间轴逻辑的计算是有很大不足的。除了基于无限产能和粗产能原因不能正确处理时间的逻辑外，还有一些功能逻辑不足，例如物料的采购提前期、产品的生产周期被设置成为一个固定值或者是一个线性函数值类似于$Y=a+bx$〔总体前期=准备期+生产（采购）数量×单位周期〕，但这还是不符合很多实际情况，因为在资源紧缺时，排队时间对周期的影响是最大的。

（3）只有根据生产计划去检查缺料，没有主动地按照物料条件限制来调整生产计划。

（4）针对同一交期的多个订单（逆向排产时），或者同一开工期的多个订单（正向排产时），MRP不能给它们排序，必须人为调整。

（5）前面说过的其他业务优化逻辑，例如各类优先级、各种资源分配优化、工序之间连接优化等，MRP系统都无法支持。

（6）一旦展开MRP后下达了采购单和生产任务单，在最终产品的完工时间不变的情况下，其中某一个工序的提前和延后不会关联地调整其上下游的工序计划。也就是说他们只服从上层产品层的计划而不会协同上下游兄弟；类似于僵化的工作体制中那种只听领导但不管队友进度的人员。而产成品计划的调整往往没有那么高频，即使调整也很难准确地调整。这样各工序不一致行动、各物料不一致行动，必然造成更多库存，这显然和我们想要的快周转、柔性、敏捷等有所背离。

前面我们讲了生产计划要梳理五大关系，我们对MRP在这五项梳理工作中的表现打个分，每项满分10分。

表15-1　MRP在梳理工作中的表现

序号	打分项	得分	打分说明
1	梳理生产任务和生产资源两者之间的关系	6分	有任务和资源占用数量的关系，没有产能约束排产
2	本级生产计划和下级供应计划之间的关系，包括采购物料和自制部件	6分	实现关联需求；数量上准确，时间上不准确
3	生产任务和生产任务之间的关系	0分	没有梳理能力
4	生产资源和生产资源之间的关系	0分	没有梳理能力
5	同一生产订单不同工序之间的关系	0分	没有梳理能力
	总分50分	12分	

从评分结果我们可以基本认定计划人员无法用MRP来编制生产计划。

但是如果一个企业认为生产计划和物料计划各占一半的权重，物料计划领域MRP得50分中的40分，表15-1中显示生产计划领域得50分中的12分，MRP的总体得分就是52分。不同的行业中，物料计划和生产计划的权重各不相同（这个权重类似于难度之比），在产品的物料众多的行业，例如电子装配PCBA行业、大型装备行业，大家感觉物料计划更重要一些；而在例如机械加工行业，物料计划就不那么重要了；至于完全流程化制造的行业，一般来说生产计划要简单一些；总之每个行业都有自己不同的侧重点。

一个现实是MRP发展到了ERP，现在它在企业中应用最广泛的还是最初的MRP功能，往往限于物料需求计划的应用。它解决了很多物料计划问题，但在遇到前面第七章所列的那些物料计划的困难的场景，目前为止MRP还只能应对很小一部分，即使用最好的ERP软件请最好的顾问完成了最复杂的设置。

在一些不太了解MRP的人中间，一开始往往给了MRP太大的期望，尤其是在ERP项目刚导入企业的时候。很多人士包括资深顾问（尤其是那些只会ERP的顾问）、公司管理人员神化了MRP的作用。笔者要说的是，MRP不是灵丹妙药，它不是一个全能运动员。它是一个偏才，并不能应对很多的计划业务场景。它有自己擅长的领域，然后又勉为其难地帮助计划员去解决一些它不擅长的问题。把它捧得太高，认为"一用就灵"，这是期望过高。但是反过来完全否定MRP、妖魔化MRP，更是错误的。

第二节　看板，美丽但娇贵

看板发源于日本丰田汽车公司，在20世纪50年代开始被部分应用，逐渐推广开来。历经大约30年，丰田才完成了自己和供应商的看板拉动系统。看板的推广应用的时间点，正好和日本汽车乃至日本整个制造业崛起、发展、称雄世界的时间点一致。经过管理学家、经济学家的调查研究、著书立说，看板被认为是日本制造业竞争力的重要武器之一。企业界纷纷开始学习、推广看板这一个重要的管理工具，看板很快风靡全世界。随着外资企业在中国设立制造工厂，看板也登陆中国，并在很多企业获得了应用。

看板来源于制造业管理思想——准时制生产（JIT），是丰田生产系统（后来被命名为精益生产系统）里消除7个浪费中"等待的浪费、制造过多（早）的浪费"两个浪费最直接的控制系统，对于其他5个浪费也有一定控制和消除的作用。现在的看板定义更广泛了，把所有的信号载体都视作看板。本书中对传统意义上的看板[①]展开一些描述，以下面这个场景为例展开说明。

企业获取一段时间内客户的需求，例如月度需求A产品300件，B产品200件，

[①] 看板，是以准时化生产（just in time）为目标，在需要的时候、按需要的量生产（筹备）所需的产品，并以此为基本理念的管理方法。看板兼有作业指令卡片和补货指令卡片的作用。

C产品100件。为了获得最高的生产效率，企业一开始的生产方案是先生产A产品一次300件，再生产B产品一次200件，最后C产品一次100件。这个方式最大的问题是A产品生产300件的时间太长，B产品被拖得太晚了，C更晚，满足不了客户需求，因为客户真正需要的是从月初开始，基本上每天需要A15件、B10件、C5件。另一方面A一次性生产300件，客户不能一下全部用掉，由此产生了库存。因此企业采取另一种方式就是平准化的生产方式。假如A、B、C每次生产10件，企业用这样的顺序生产A10、B10、A10、B10、A10、C10；循环10次，企业就完成了当月所有生产任务。这样的生产方式就是平准化生产方式。这个方案的好处是显而易见的，不仅减少了A、B、C成品的库存、交付及时，而且连带着A、B、C的部件也不用忍受剧烈的需求波动。所有的波动都变小了，大海风平浪静了。平准化，"平"字就是平衡，"准"字就是准时生产。笔者认为"平"也包含平息了波动的意思。在产成品平准化生产的基础上，再去计算部件的需求，在部件工序级实现平准化，以此类推，直到所有工序。根据平准化的方案（需求与生产计划确定了），结合安全库存（缓冲）和工序节拍，开始设计补货触发点、补货频率、单次补货数量、单次生产数量，再加上其他必要的信息（名称、料号、库位、来源工位等），就完成了看板的设计。所以说，平准化生产是看板推行后取得好的效果的必要条件。

看板的形式很多，可以是一张卡片、一个电子信息、一个容器、一块标识等等，但是其本质都是一种信号系统。这个信号系统承载的就是计划信息，它就是一个详细的拉动指令，特别像一份连续传递的作战命令。

1. 看板可用来达到以下目的

（1）本工序确定上游工序给本工序补货的时间范围。同时也可能确定了上工序生产开始与完成的时间范围。

（2）按照看板上详细列明的信息（部件名称、数量）生产。

看板逐渐推广到供应商和企业之间，他们也用看板来拉动补货。无论怎样，其基本原理是一样的。看板传递的过程，犹如我们军训的时候列队报数一样，一环一环向前传递，整个系统就动起来了，是下游拉动上游。每一种物料的看板的张数不能只有一张，因为每个工序在要求上游补货的同时还在生产消耗原料，并要确保消耗殆尽之前补充的物料能够到达，防止缺料等待造成另外一个"等待浪费"。

2.看板帮助制造业消除浪费的原理

（1）需求拉动供应，供应是基于需求端真实的消耗。工厂只给末道成品完工工序下达指令（或者是完成成品装运出货的工序），其依据是客户的订单（或者补货命令），而当对该工序的物料消耗完一看板数量后，才给上道下达补充物料（上道工序的完成品）的指令。这就是说所有的补充来源于真实消耗，而不是一种假设。前面关于需求计划的章节曾说明：如果掌握了客户真实的消耗数量，就可以消除过程中的绝大部分的牛鞭效应，是最靠谱的需求计划。

（2）提高补货频率，减少单次补货数量；熟悉补货频率（需方的采购频率、供方的送货频率、生产频率）的读者都知道，频率越高，系统内平均库存越低。（这个原理在本书的计划参数章节中，我们讲述补货频率时已经详细展开说明过了。）

（3）在需求发生变化时，高频率小批量的补货系统，会"更及时地"纠错，从而造成的损失更小。

如此来说看板真是一个神奇的工具，它兼顾了"流程"和"计算"。而且看板的流程也非常简单，甚至可以简化到"看板设计（计算特性）+看板执行（流程特性）"两大步就可以了。它的计算的过程也不复杂，而且不需要每一个计划员都会计算，只要看板设计人员掌握这项技能就可以。

然而鲜艳的花朵往往是娇贵的，看板也不例外。看板是精益生产系统的一部分，而精益生产是个系统性工程。精益生产五大原则：价值、价值流、流动、拉动、持续改善，是有一定内在的逻辑顺序的。看板是"拉动"原则实现的一种方法，看板本身不可以孤立地存在于一个非足够精益的生产系统中，它的推行需要比较好的土壤。从看板设计原理以及看板运作方式上，我们能看到一些特点：

3.看板具有以下特点

（1）通常，每个点上至少有2张看板，也就是每个点都有库存。这些库存要么继续消耗要么等待下一次消耗。那么看板系统的重要假设就必须有"下一次"，也就是说看板必须在重复生产的环境中。如果是只生产一次的生产模式，就不适合用看板；再延伸一下，由此得出第一个结论：如果某产品某部件的生产频率（需求频率）非常低，就不适合使用看板。因为这会让"压箱底的看板"所对应的库存保持很长时间，而且刚刚消耗的物料又可能被补回来了。这显然违背了精益的初衷。

（2）精益的工厂喜欢专线生产而不是共线生产，也就是一个产品族和另外一个产品族在不同的产线生产。其中的原因是相似的产品有相似的加工工序，容易找到统一的生产节拍；同时也是为了让每一个工序加工的产品和需要的物料品种不要太多太杂。企业推行了看板，如果某个工序生产很多大相径庭的产品，需要用的很多品种物料而且互相不通用，你会发现这个工序周围会被物料看板和线边库淹没。应对的方法是引入"套"的概念，在电子装配行业会采用一个配料中心，将A产品所用的100种物料预先配成一个"套"概念，每一块看板拉动的是成套物料而不是100个看板拉动100种物料。但是工序的产出物很难用"套"，对工序的物料使用"套"也会造成本来通用的物料很难在套之间调动。由此得出第二个结论：企业的单工序（设备、U形线）如果需要加工太多种部件或需要太多种物料，至少这类工序和物料就不太适合做看板系统。

（3）看板的收益来源之一是提高了补货频率，但是补货频率受限于规模经济。如果只是厂内领料看板，那么情况还好，你需要考虑的是厂内物流费用的增加（或许只需要增加水蜘蛛的人数）；如果是生产看板（看板系统中，为了不过分提高生产频率，在某些工序，就采用独特的生产看板来触发生产指令，一般是几块领料看板对应一块生产看板），它受限于生产加工的规模经济；如果是和供应商之间的看板指令系统，那就是工厂之间的物流费用和供应商的加工规模经济性的问题了。不同的加工过程有不同的规模经济特性，例如印刷工序、热处理等工序的规模经济性很强，而手工拧螺丝、包装箱打包等规模经济性不强。从丰田公司来说，他们采用的是SMED[①]的方式，这样就大大降低了每次切换的成本，降低了规模经济的数量门槛，因此才有机会实现高频率的切换。龙头企业希望配套企业在自己附近甚至一个工业园内开设工厂或者仓储中心，其中一个原因是为了降低单次物流的费用从而

---

① SMED, Single Minute Exchange of Die（快速换模），也叫快速换产。

可以提高补货频率（另外其目的是缩短提前期、降低供应不确定性等）。在没有通过管理活动等降低经济规模前强行推进看板，要么增加库存，要么损失产能。由此得出第三个结论：某个产品生产过程的规模经济性很强而企业没有能力通过SMED之类的手法去改变这个特性，推广看板系统就会受到很大的限制。

（4）看板推行的前提是平准化生产，若没有这个前提，看板系统将会被撑破，导致全系统失灵。可以想象一下，如果没有平准化，波动很厉害，为了应对波动中的高峰，每个看板代表的数量或者看板的数量都要增加确保供应；而在低谷时，库存问题就很严重了。一般来说，超过15%的波动就可以让看板系统失效。而平准化也需要一定的条件才能实现，首先客户的需求是相对靠谱的，如果这一点做不到，则平准化方案设计就是无用的。其次前面讲平准化时的例子中A、B、C产品是能够混线生产的（工艺过程相似、生产节拍相对差距不是很大，前面的章节里已经解释过了）。当然，应对波动可以采取增加和减少看板的对策。但是前面我们分析过，这样做工作量大，而且有个前提是波动需要预先知道。这里由此得出第四个结论：企业需求波动过大会导致无法平准化生产，看板系统就不那么好用了。

（5）为了让看板系统真正起作用，设计方案的时候，每个节点库存不能多。如果企业的供应是不稳定的，那么在库存水位很低时就会经常发生补料不及时，包括供应商对自己工厂的补料，也包括自己工厂内上游工序对下游工序的补料。稳定的供应，有一个前提就是工序的产出是稳定的。假设一个生产系统，企业的TPM[①]推行得很差，时不时让故障停机；企业的质量管理糟糕，不合格品经常出现，那么看板系统肯定就完全失效了。由此得出第五个结论：如果物料供应与生产产出不确定性高，看板系统就不那么好用了。

（6）如果企业具备了上述所有的条件，但是企业的员工队伍规则意识不强，喜欢自作主张，例如水蜘蛛为了少跑腿，一次拉两个看板的料；或者加工者看到料盒空了没有及时扔出看板；看板规定了数量是50，补货者常常觉得多点少点无所谓；而企业的看板设计者不愿意根据需求变化去调整看板，那么企业还是没有具备推行

[①] TPM，Total Productive Maintenance，全员生产维护是以提高设备综合效率为目标，以全系统的预防维修为过程，全体人员参与为基础的设备保养和维修管理体系。TPM实施得好，整个生产过程异常比较少，产出不确定性低。

看板系统的条件。由此得出第六个结论：没有理解看板、认真执行看板中所有约定的员工队伍，企业没有办法实现看板系统。

（7）如果一个加工工序需要向多个下游工序提供不同的部件，例如分别是甲、乙、丙，在某种情况下，可能会积压多张下游传来的看板要求甲、乙、丙。这个时候，对甲、乙、丙这三个加工任务无法排序。如果按照收到看板卡片的时间先后来排，这可能不是最优的选择。这就是第七个结论：看板仍存在排序和调度能力不足的地方。

前面六个结论讲了推行看板系统的六个条件，部分是企业供应链的外部客户与企业产品需求特性所决定的，部分是企业的产品加工特性所决定的，部分是企业物料的供应特性与供应商所决定的，还有企业的员工队伍，合起来就是一个基本完整的供应链所决定的。这些涉及了企业的环境、企业的产品设计、企业的供应链管理等各个方面。第七个结论讲了看板的能力不足。因此最终的结论是：看板很美丽，但是很娇贵，它不能生长在贫瘠的土壤中，它需要充足的阳光、水和养分。制造业企业在打造出一个精益的供应链之前，无法有效地推行完整的看板系统。这也解释了为什么现在能有效使用看板的企业很少。其原因是上下游的拖累，更主要的是企业自身没有踏踏实实、认认真真、长期坚持地推进精益改善。

第十六章
生产计划参数

物料计划参数是清晰的，几乎所有的从业计划人员对此都有一定的认识。然而一讲到生产计划参数，不禁让人迷茫。这也难怪，无论是研究者还是从业者都很少去谈及生产计划参数，即使在PMC这样的实践性很强的方法体系里也是语焉不详。其中一个原因就是生产计划的IT化迟迟没有进展，运用MRP的逻辑进行排产是IT化的主流。而基于MRP的逻辑进行生产计划排程，就只有这么几个参数：产能、生产周期、最小生产批量或者经济生产批量等。因为不用生产计划参数，所以就没有；因为没有，所以想要用的时候就需要去重新整理。而长期不接触、不研究生产计划参数，突然有一天去整理的时候就很生疏，困难重重。这也是APS推行时一个很大的障碍。

生产计划参数到底有些什么？本章尝试进行分类说明。

1.企业的基础数据、业务数据、物料计划参数中，就有很多生产计划参数

（1）加工过程描述，主要有哪些工序。

（2）工序的顺序，一般用编号大小来描述。

（3）各个工序需要的资源，包括设备、工装、物料、人力、场地等。

（4）单位产品生产过程占用资源的时间和数量；其中时间又包括加工前准备时间（工装安装、设备调试、上料等时间）、加工时间、加工后整理时间（下料、整理清洁保养等）。

（5）一个由工艺路径形成装配关系类型的上下层关系。

（6）工序级投料形成的上下层加工任务的关系。

（7）资源的出勤时间、数量。

（8）在每一炉生产的工序中，例如热处理炉，热处理的时长、热处理的温度、炉子容量等都是生产计划参数；以及其他特性例如烘箱的容积、电镀池的容量等。

（9）加工批量、损耗率、交付周期、生产周期这些计划参数不仅在物料计划中需要，在生产计划时也是需要的。所以它们既是物料计划参数，也是生产计划参数。

2. 用于调整生产任务本身的生产计划参数；主要是生产任务拆分和合并

（1）合并期间（多重维度的）：例如规定了交货期差异在2周内的订单可以合并，"2周"就是"合并期间"这个参数的具体参数值。

（2）合并数量上限，例如直接规定不超过500件；或者规定对应的累计加工时长不超过8小时。

（3）除了物料编码一致，生产任务还有可能按照其他特性合并，例如在油漆环节，同颜色的任务合并或连续生产；同产品族连续生产；在SMT时要求依据物料相似度进行连续生产；等等。这里的颜色、相似度、产品族都是计划参数。

（4）拆分则与合并类似。例如规定超过500件的订单需要拆分，对应的累计加工时长超过8小时的订单要拆分；拆分后的订单数量标准批量100件；少于100件的尾数归入末单；拆分后的加工时长不小于2小时等。这里面就有好多的计划参数。

3. 用于排序的生产计划参数

（1）排产中用到的排序参数，例如交货期、订单优先级、客户优先级、生产周期，等等。排序时尽量减少切换时间的排产规则所需的参数，例如在剪切工序，同样尺寸的工件连续生产可以减少换模、换程序等，尺寸就成了一个生产计划参数，虽然本来尺寸是一个基础数据。例如参数1是A工件换到B工件需要的时间，而参数2是C工件换到B工件需要的时间。两个参数是不同的，复杂场景下可能有很多不同的参数，这些可能的参数就需要详细罗列。不采用穷举的方式，就用一个矩阵来表达，被称为切换矩阵。切换矩阵是多个参数集组成的复杂的生产计划参数；每一种切换场景需要的切换时间也是计划参数。

（2）印刷、喷涂工序通常希望按照颜色深浅来排序，由最浅逐步到最深再回到最浅，颜色深浅系数就成了生产计划参数。

（3）混流是一种非常特殊的排序。混流在精益现场比较容易管理，但是在运用IT软件排产时就很复杂。通常我们需要生产计划参数来规定：哪些产品可以组成一个混流组，混流的时候A生产多少数量就转换到B之类，这里又有好多参数。

4. 描述和规定产品本身的加工特性的生产计划参数

（1）生产经济批量、最小批量、最大批量等。有时候这个批量适用于整个订单的所有工序，有时候不同的工序会有不同的数量。

（2）在某些产品加工工序，可以缺料投产，有的则必须物料齐套后再投产，需要在BOM中明确指出哪些物料可以缺哪些不可以。这样某产品某工序的可缺料特性也是一组生产计划参数。

5. 用于描述和规定同一产品不同加工工序之间关系的生产计划参数

（1）在离散制造业，工序和工序之间的连接逻辑关系。这个在前面已经描述了，那些ES、EESS都是计划参数。

（2）在离散制造业，工序和工序之间的转移批量，前面也已经描述了。

（3）工艺部门有时会规定后工序至少在某个时间后才可以开始，也就是规定了前后工序最少的间隔时间。有时候虽然工艺没有规定，但是由于工序之间可能因为搬运距离产生至少的时间间隔。这两个时间间隔在APS里一般被称为最小移动时间。而工艺有时规定有些后工序必须在前工序结束后的一定时间内开始，这个间隔时间被称为最大移动时间。

（4）转移数量包括几种场景，如果是单件流，对应的参数是1；如果按一箱转移，则每箱数量例如20就是参数；如果按整单转移则参数是一个变化值，该变化值就是工单的批量。

（5）在离散制造业，跳序的可能性就需要参数。例如可以按工序1、2、3、4、5来加工，也可以是1、2、4、3、5；那么3、4和4、3组成了一个整体的参数。

6. 用于描述和规定资源与资源之间关系的生产计划参数

（1）有些资源有多个，相互之间没有任何差别，这是最简单的。

（2）资源优先权重，例如有两台机床，一台老旧一点，性能略低，另一台新式一点，性能高，但是开机成本也高。这时候就要规定优先选择哪一台，可能对不同的产品或者不同的客户选择的优先级是不一样的。优先级就是生产计划参数。

（3）有些资源的使用是配套的，例如A机床只能选2号工装，B机床只能选1号工装；A工人只会操作A机床，而B工人两个都可以操作，这些配套特性也是计划参数。

（4）有些工序，两台设备，希望均衡负荷，哪怕生产任务不足，两台设备都要开起来；有的设备则相反，可能由于开机成本很高（例如大功率设备），就需要尽量用少的设备。这种特性也是计划参数。

7.用于描述规定客户、产品、订单和资源之间关系的生产计划参数

（1）依据客户偏好和认证来选择工厂、车间、流水线，那么这个客户偏好和认证记录就成了生产计划参数。

（2）依据区域、地理位置、距离等来选择工厂，则地理信息成了生产计划参数。

（3）出口欧洲的需要在ROHS线上生产，那么欧洲或者ROHS就成了计划参数。

（4）在计划排产时指定某些产品必须使用某些生产线，产品就成了计划参数。

8.与生产计划的管理意图直接相关的排产策略中的计划参数

（1）排产方向。正向排产是指在资源可用时就按时间先后顺序分派给生产任务，哪怕是造成提前完工而形成库存。逆向排产是JIT思想的应用，从订单交付日期起按时间往前分派资源，尽量让产品完工时间接近交付日期。允许提前生产天数这个计划参数是为了防止过于靠前的排产而设定的参数，一般和正向排产一起使用。

（2）计划锁定期是个参数。企业可以按资源、按工序、按订单锁定计划。按什么维度锁定计划，这些也是生产参数。

（3）生产制造效率。可以在全局资源、特定资源、特定订单、某产品特定工序、某个特定的排产策略整体上设定生产制造效率；可以设置生产节拍变化的生效范围内。例如这个参数设置为110%，则节拍缩短使得单位时间单位资源的产出提升到110%。这个参数对那些原来的节拍留有余量的公司来说是很适合的。还有可能用于新产品导入时的效率提升、新生产线调试使用、新员工劳动效率的变化等。

（4）产能弹性系数。特定产品特定工序或者全局上；对某资源可以同时加工的

数量做灵活的调整。适用于那种对场地、烘箱等资源使用效率比较灵活调整的业务场景。

（5）生产排产的各类时间控制参数。计划基准时间、分派开始时间、分派结束时间、日边界时刻（8点，还是0点）。

（6）排产中多目标的权重参数。负荷均衡权重、资源优先权重、逾期最小权重、相同品目优先权重，等等。

通过上述列举可以看出，生产计划参数很多来自工艺规定等，这些生产计划参数一般在制造BOM中体现；还有很多参数来自某企业独特的业务场景。就是说哪怕两家企业做的某个产品、用的物料、工艺过程一模一样，但是由于生产资源配置不同、产品组合不同、客户不同、管理意图不同等，它们需要的生产计划参数不仅仅是数值不同，参数本身的类别就可能差别很大。这一点是生产计划参数和物料计划参数完全不一样的地方。这也揭示了为什么APS导入时需要更优秀的专业人员。因为即使专业人员有同行业的经验，还是需要耐心地重新去熟悉业务场景、理解业务管理需求，从而提炼业务规则，梳理出生产计划参数的种类并设定合理的数值。

读者阅读到这里，应该对计划的"复杂计算"这个独特的特性理解得很深了，尤其是在看到这样的历史过程后。那么多著名的学者专家花费几十年才基本完成"排序和调度"的算法模型，然后又是花费几十年的时间，才把这些成果封装成"函数、表达式"形成了APS软件，这不是专家把问题搞复杂，而是生产计划就是那么复杂。通过上述分析，我们已经知道这些计划方法中的任意一个都还不足以让企业构建完善的计划体系。现实中企业综合使用它们，或许效果会好得多。即使这样，由于各计划方法存在根本性的缺陷，限制了计划业务能达到的高度。因此我们还需要继续去探索和寻找更优方法去建立更完善的计划业务体系。

下篇
计划的根本改善之道

上章提到了几种计划的方法，其中看板同时完成生产计划和物料计划，很好且很有效，可惜能够适用它的企业不多；MRP又存在太多不足，尤其是对于生产计划总是感觉还是存在力有不逮的现象。那么，我们究竟能够用什么样的工具、方法论来进一步改善我们的计划体系呢？

在30年的职业生涯中，笔者曾经在多种性质且规模差别很大的企业里工作。笔者尝试了前章列出的所有计划方法，取得过很好的效果。在过往的职业经历中，每当笔者担任一个新职务后，前两年往往就能取得诸如库存下降50%而及时交付又大幅度提升这样的业绩。笔者想肯定做对了一些事，自己很想总结一下究竟做对了什么。

两年后，当笔者想进一步提升我们在计划领域的工作绩效时，会有一种力不从心的感觉，也就是说提升到了一定的高度后，感觉好像碰到了天花板，很难继续大幅度地突破。到底是什么原因在限制我们的持续改进？肯定不是没有改善空间了。那么是我们的方法不够好？不够系统？不够细致？手段不够丰富？环境的问题？资源的问题？人才的问题？数据源的问题？IT系统的问题？这促使笔者继续保持观察、思考，去寻找突破的路径和方法。

在这些思维的推动下，笔者持续地记录自己的感想和领悟，并试图搭建一个结构清晰的模型。希望这个模型：

（1）能够突破现在所有已经存在的计划管理改善的方法，具有独特性。笔者不想仅仅做其他人知识技能的搬运工，而是一个创造者。

（2）这个模型必须是有效的，不仅仅是笔者自认为有效，而是经过实践的检验后证明有效的。笔者不想做一个闭门造车的人，而是亲身实践者。

（3）这个模型必须是简单易懂的，有助于它的传播和推广。我国有400多万家制造企业，至少有一千万专门从事计划业务的人。笔者希望大部分读者看到这本书后可以理解其内容，可以按图索骥去实践。

在理解了计划业务的本质是"流程+计算"之后，仿佛找到了这把开锁的钥匙。计划的根本改善之道，还是要从计划的本质上着手，也就是从流程、计算上去解决，围绕着计划的本质去寻找办法，在此基础上进一步完善与优化组织、人员、工作机制、IT系统等相关要素。

第十七章
传统PMC，基本架构基本功

毫不夸张地说，绝大部分企业构建自己的计划业务流时，基本上就是按照PMC的思路来的。PMC是当前制造业计划体系的最基本、最普及的方法论。制造企业的计划领域工作基本上就是PMC管流程（或许被信息化在ERP里），再加Excel、MRP、看板等来解决计算问题。多个培训机构表示，在工厂管理类培训中PMC的课程最为热销。这从侧面说明企业在计划方面确实是个痛点和难点，计划工作的效果差强人意，因此对培训的需求量较大。同时，大家对PMC寄予厚望，希望通过PMC流程来改善计划业务结果。

那么现在大家在用的PMC（也称为传统PMC）是否堪当大任？是否用好了传统PMC就可以达到预期效果呢？我们来分析一下传统PMC。

生产与物料管控（Production Material Control，PMC），我国台湾企业喜欢将其称为生管和物控。在不同的语境中，它也会指PMC人员、PMC组织，读者请按语境自行理解。目前，大陆地区的PMC方法论基本上是来自台湾地区的，带有很浓厚的台湾管理风格。这个领域比较出名的顾问、培训师中，很多是我国台湾地区年长的专业人士。PMC不是管理理论的突破，而是管理实践的总结。它是基于一些基本的原则和规则，对计划活动进行详细的展开、分析、优化并流程化。PMC没有完全统一的定义和方法，而是百花齐放，带着浓厚的企业或者顾问的个性化烙印。这也是因为PMC是一个管理流程体系产生的特点，企业有各自的关注重点、业务规则，所以大不相同。我们这里分析的是绝大部分企业正在执行的主流的传统PMC中共性的部分。

PMC是一类计划领域近似职能域、关联职能域的系列流程的集合，简单来说就是工厂内和计划有关的流程组及其下层的作业指导书、表单等。它把PMC组织视为订单管理中心、生产计划中心、物料控制中心、出货管理中心。它主要包括订单接收，订单评审，编制各层级生产计划，生产计划下达与监控，物料需求计划，物料状态稽核，物料的收、存、发，盘点，产品出货流程，低周转物料处理，以及其他相关KPI[①]度量和考核及纠正预防类的流程。

从PDCA这一个基本管理哲学的角度来看，计划本来是企业运营这个全过程PDCA循环里的P和C。然而传统PMC这个英文缩写中没有包含PDCA的P，而是突出了PDCA的C这个步骤，表明传统PMC的主要思想强调"控制"。在这个主导思想下，传统PMC的第一要点就是掌握真实情况防止失控。传统PMC系列流程里强调计划人员做了计划后，除了下达指令，更要去稽核（检查、核实）相关状态，例如稽核车间的进度报告、采购的物料报告。不仅仅是收集数据，还要去现场看（核实）；仓库也要去看，收料要看，发料也要看，发货当然要看；合格料（好产品）要看，不合格的还是要看。在掌握真实、及时、全面的信息上进行计划编制和调整，协同整个工厂以及供应链资源运作。

PMC这个方法论还规范了计划本身的层次构架。一般来说传统PMC喜欢按照计划展望期来区分，分为长期计划、中期计划、短期计划。传统PMC强调了生产计划和物料计划的关系和如何协同。传统PMC包含了最基本的计划方法，例如产能负荷如何评估？物料需求如何展开？物料齐套如何检查？传统PMC强调了计划和生产执行之间的互动。传统PMC拉通了从客户订单端到交付端的业务流。

不仅如此，传统PMC还非常强调计划的工作机制。尤其是在我国台湾专家的工作习惯影响下，一般PMC的工作机制极其细致。他们建立的PMC工作机制会规定：计划人员周一早上8点去干什么？9点干什么？生产计划会何时开？产销协同会何时开？周计划和日计划什么时候对齐？计划进度评价会何时开？极其细致，也极其精确。有的活动每天一次，有的活动每周一次，有的活动每月一次，构筑了完整的计划日历。无数个小循环、大循环，周而复始，推动着工厂的运营。

PMC这个方法论也强调了改善，体现了PDCA的A。计划人员为了实现组织工作的职能，要对与交付有关的事项进行考核。一旦发生问题影响了交付，计划人员

[①] KPI, Key Performance Indicator。一般指关键绩效指标。

要组织大家去纠偏。

总之，传统PMC强调了计划、控制和纠正与改进，强调了工作闭环，充分体现了PDCA的思想，是非常有效的管理方法。

那么是不是很好地执行了传统PMC系列流程，工厂的计划问题就会迎刃而解呢？笔者认为：传统PMC认真执行好，能够保证企业计划业务结果的下限，它会让企业的运营至少不会太差；但是不等于能够触碰到上限。下面来看看传统PMC这套计划的方法论有什么不足。

第一，通过上述分析计划业务的本质，读者很容易意识到传统PMC强调了"流程"这个要素，缺少对"计算"这个要素强调和管理。我们常说"基于数据决策"，在计划领域里是更深一步，原始的或者粗加工的数据是无法支撑准确的决策的，必须通过很复杂的"计算"才能找到全局的最优解。

第二，传统PMC在流程活动设计上非常精细，这也带来了过于刻板的缺点。周而复始地重复这些非常细致琐碎的工作，让现在的年轻人很难长期维持工作热情；进而又会影响计划体系的有效运行。

第三，传统PMC体系对计划工作没有实质内容的分层（主管审核下属的工作不是分层），没有让年资高的去从事一些更有挑战、更需要专业素养的工作（不是指审批）。这一方面影响了组织中高年资人员的发展，同时年轻人也因为看不到未来发展的方向而可能丧失热情和憧憬。

第四，传统PMC体系给PMC人员赋予了过多的职责。PMC人员更像是厂长助理或者稽查队长的角色，担负了太多非计划类工作。PMC人员要去检查采购、仓库、生产的工作进度和状态。这么做的好处是防止失控，坏处是计划人员承担太多责任，而通常情况下他也背不起这个责任。PMC人员在工厂里像个勤快的巡视员，短期看着好像有效果，实际上是职责不清。当各环节出现异常时，采购、仓库、生产、质量等各部门的主管不应该主动汇报吗？即使他们不作为，不是该厂长去管理吗？现代管理强调合作，合作的基础是各司其职、信息共享；尤其是现在IT技术的发展，更应该强调各部门主动输出工作进度汇报。计划人员要拉通交付全流程，不是靠电话、靠去现场看来掌握情况，而是依靠主动的汇报、IT的可视化手段，去

"思考"、去"协调"、去统揽全局。

传统PMC体系对PMC人员提出了太多的非计划专业的技能要求。很多企业在实施PMC系列流程时，通常会过于扩大计划的外延。有的企业让PMC人员去组织协调例如质量问题纠正预防的问题。为了做好纠正预防，又要求PMC人员掌握5W2H[①]、4M1E[②]、8D[③]等工具。其实PMC人员应该要做的是让计划更合理科学，让计划参数设置更合理，让库存分布更合理，让计划反应更敏捷，等等。在社会越来越"乌卡"、工作挑战性越来越高的背景下，分工越来越精细才是正确的路径。PMC体系把PMC人员的技能范围过于扩大，或许会带偏计划员的发展路径，以致整个计划的计算领域严重缺乏高级人才。

传统PMC体系对计划业务的高级管理者几乎没有提出什么要求，除了他们需要审核审批以外。这样的话，忽视了高级管理人员应该承担的策略设计、战术指导等职责。

传统PMC体系太过注重"控制C"、过于强调计划工作的组织和协调，对计划本身的专业方法的论述就显得非常不足，无论是对生产计划还是物料计划。尤其是计算机技术和排产软件发展到目前水平，人工智能很可能在计划领域很快突破的时候。现在的PMC一般假想了计算工具是Excel、MRP、看板等，还没有假想过计算工具是APS情形下的计划业务流程该怎么设计。

可见传统PMC对计划体系来说，它是一个基本架构；对计划人员来说，它是基本功。然而由于传统PMC方法论忽视了"计算"，因此忽视了对业务逻辑上、计划参数、运算转换规则的管理；忽视了新的计划软件APS，导致了传统PMC无法解决广泛的深层次的计划问题。正确、有效地执行PMC可以帮助企业计划业务确保比较高的下限，但是不足以去拓展很高的上限。

---

① 5W2H分析法又叫七问分析法，What、Why、When、Where、Who、How、How much。
② 4M1E，"4M"指Man（人）、Machine（机器）、Material（物）、Method（方法），简称人、机、物、法，"1E"：Environments（环境）。
③ 8D是一个完整的问题解决及预防过程。D0：计划，确认是否要用到8D问题解决法，并决定先决条件；D1：建立团队；D2：定义及描述问题；D3：确认、实施并确认暂行对策；D4：确认、识别及确认根本原因及漏失点；D5：针对问题或不符合规格部分，选择及确认永久对策；D6：实施永久对策，定义并实施的对策；D7：采取预防措施，避免此问题或类似问题再度发生；D8：认可团队整体的贡献。

第十八章
流程再造与全面完整的计划

既然计划业务本身就是一项管理活动，而管理活动的优化也离不开流程的再造、优化。这里笔者还是从流程再造开始谈计划的根本改善之道。

在20世纪90年代，美国的迈克尔·哈默（Michael Hammer）和詹姆斯·查佩（James Champy）提出流程再造的概念。一般大家把动作小一点的流程改进叫流程优化、流程改善，大动作叫流程再造。实践证明以流程再造为核心工具的企业管理改善是非常有效的。华为公司聘请IBM作为咨询公司进行的IPD[①]导入过程，已经成为世界最著名、最优秀的通过流程再造而达到管理改善（甚至是涅槃重生）的案例。

华为不是个案，很多企业从流程再造（改善、优化）着手改善管理、促进业务发展也取得了很好的效果。笔者曾参与的S公司管理变革之路也是一个成功的案例，虽然这个成功远比不上华为的成功。而对广大企业来说，或许S公司这样的案例更像邻居般亲和而不是华为这种神一般的存在，因此可能更具有参考意义。

S公司整个流程再造大约经历了5年多时间，建立了一个相对完整的核心业务流程体系，涵盖了研发、市场与销售、供应链、海外EPC四大业务领域。在专家眼里，S公司的流程体系建设和执行仍然存在很多不足之处（一是公司体量小导致资源不足，二是员工能力不足，三是执行中不能做到位），但是总体效果还不错。S公司销售收入从流程再造前的29亿元，不到10年上升到2022年的102亿元。其间S公司利润率一致处于行业前列，多项新产品业务线顺利起步并迅速发展。虽然我们知道业务发展不能全部归功于流程体系，但是好流程至少是其中一个重要的积极因

[①] IPD，Intergrated Prodcut Development，集成产品开发。

素。同时业务的快速发展带来了日常运作复杂性的快速提高，这些流程体系起到了支撑业务发展的作用。

第一节 构建全局的计划业务流程架构

流程架构是以企业的业务战略、业务规划、管控要求等作为输入，对业务流程进行结构化、模块化、逻辑化的整体描述；是企业的业务价值创造过程的描述。流程架构是企业、组织业务架构的核心。构建流程架构是流程管理工作的第一步，就如城市发展需要规划图，铁路网、公路网需要事先规划，做到"谋定而后动"。然而很可惜的是，大部分企业是没有流程规划这一步骤的。常见的流程规划有四种方法，分别是POS法、OES法、价值链法、APQC流程分类框架法。

1. POS法将企业业务流程分为三大类，即规划与计划类（Plan类）、运行类（Operation类）和支撑类（Support类）

（1）规划与计划类流程解决企业方向与整体部署问题。对于公司流程体系整体而言，规划类流程就是战略和计划闭环管理流程，包括从制订到执行再到考核评价、优化调整的全过程。从宏观上来看它是PDCA的P，更是PDCA的PCA。

（2）运行类流程是对应企业为客户创造价值的全业务过程。运行类流程是PDCA的D，也称为运作类流程。

（3）支撑类流程是为运作类流程能够高效运作提供基础性支撑服务的流程，一般包括管理类服务流程和业务辅助类流程。是为运作类流程高效、集约运行提供能力、资源、服务保障的流程。

2. OES法将企业业务流程分为运行类（Operation类）、使能类（Enable类）和支撑类（Support类）

（1）运行类流程和支撑类流程的概念同上。

（2）使能类流程直观地来说，就是赋能运行类流程，力争为业务流程有效、高效运行提供支撑的流程。

使能流程和支撑流程，往往容易混淆。两者之间的区别就是：使能类流程的业务规则、输出等直接会在运行类流程调用，而支撑类流程往往更基础，不会直接被调用。例如后面要讲的计划策略流程的输出——供需平衡策略经常被物料计划流程所调用，它就是个使能流程。而员工培养与发展流程，不会被任何计划运作流程直接调用，但是它又是为计划业务运作提供能力支撑的，这就是个支撑流程。其实，即使大家分辨不清，应该也不是什么重要问题。重要的是要周全地考虑去构建流程体系架构。

价值链法和APQC流程分类框架法就不再赘述，有兴趣的读者可以自行搜索相关资料进行学习。

无论哪种方法，都不能离开流程架构的基本特点：流程架构是分层的。大多数企业会将供应链流程作为一级流程。

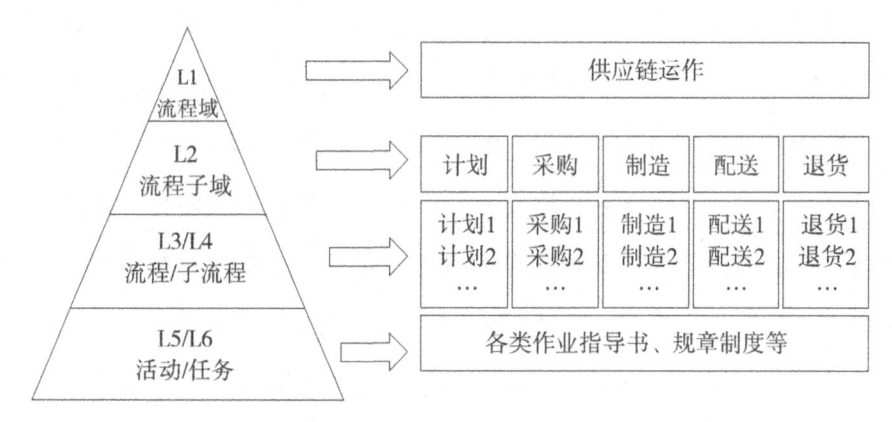

图18-1　企业流程架构示意图

我们审视计划业务流程，从公司的整体业务架构来说，它显然是POS中的规划与计划类（Plan类），而采购、制造、配送和退货是标准的运行类流程。

从全公司的流程架构来看，虽然计划业务在整个公司或者整个供应链中是属于规划与计划类流程，但是不妨碍在下一个层级中（计划领域的L3/L4流程、子流程），它仍然可能包括运行类流程、支撑类流程，还有使能类流程。就如PDCA大循环中的每一个P、D、C、A中又包含了更加细分的PDCA。天道如此，读者千万不要感到疑惑。

在计划这个流程子域中，大部分企业会以典型的PMC流程体系为基础。通常的流程主要包括：订单接收，订单评审，编制各层级生产计划，生产计划下达与监控，物料需求计划，物料状态稽核，物料的收、存、发，盘点，产品出货流程，低周转物料处理，以及其他关于KPI度量和考核类的、纠正预防类的流程。现在我们用OES法审视，就会发现这里只包含了计划业务中的运行类流程。这种计划业务流程架构忽视了很多计划的重要流程，如关于计划流程子域中应该有的使能类流程和支撑类流程不见踪影。在我们学习了前面的计划方法和计划参数以后，我们就能发现计划方法的管理、计划参数的管理这些重要的业务活动没有在典型的PMC流程中涉及。这就是笔者认为传统PMC只是一个基本架构而没有达到全面计划业务管理的原因。

另外，典型的传统PMC计划业务流程架构里，还缺少了非常重要的一环，那就是高级管理人员如何基于公司战略计划和业务计划（SP/BP）来指导计划业务活动。或许高管们认为S&OP是一个很好的流程来帮助他们履行指导的责任。但是当S&OP真正去运行时，就会发现在运行整个过程中，供需两端在讨论方案时、在准备决策会议的决策事项时，"参谋们"往往受困于太多的可选项而精疲力竭，从而降低了整个S&OP的效率和效果。而没有清晰的指导策略作为决策者的指导方针和制订方案的边界，这是可选项太多的一个重要原因。战略规划输出了"三定"，即定目标、定策略、定战略控制点，战略解码后职能体系该有的"目标、策略、行动计划"中的"策略"，在计划业务领域去哪儿了呢？缺少了策略承接战略，也就是缺少计划策略，使得战略在计划领域的落地缺少了连接环节。没有具体的计划策略指导计划业务，这几乎是绝大部分企业计划工作中都存在的问题。

在这里，笔者以某公司的计划业务架构为例，来说明一个完整的计划流程架构设计。这个流程架构的设计是采用的OES的方法论，即整个计划的制订和跟踪落实是运行类流程，还有使能类流程和支撑类流程。

图18-2的最左侧专门列出了部分支撑类流程。之所以用虚线框，是因为支撑类流程往往涉及面比较广，它们可能是几个流程子域甚至几个流程域所共同使用的，因此事实上可能没有计划流程子域的专门的支撑流程。但是为了让整个流程架构完整，还是虚拟了这些流程。在图18-2的右下侧，用虚框把两个流程圈了出来，

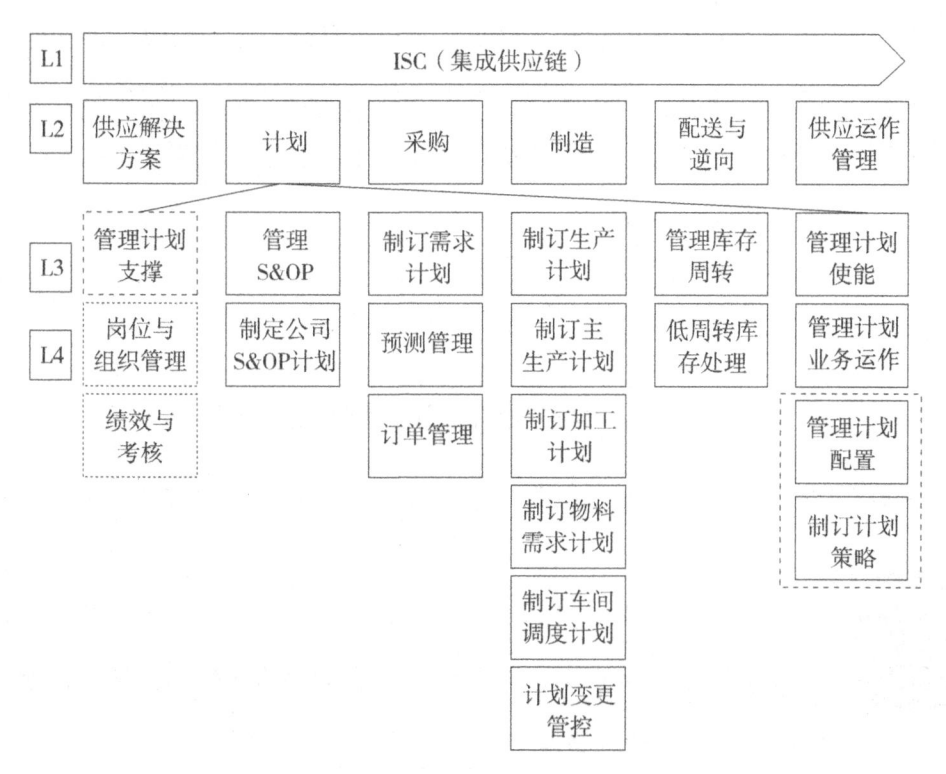

图 18-2 典型计划领域流程架构图

分别是"管理计划配置"和"制订计划策略"。很多的传统PMC书籍、培训教材没有这两个流程,导致了很多企业实践中也没有这两个流程,这也是传统PMC的不足之处。实际上这些被忽视的流程在日常计划业务中能起到非常重要的作用。管理计划配置就是管理如何确定计划参数的配置方案以及计划方法的选择,而计划策略指导计划职能依据什么样的指导原则和战术方法来展开工作。这个策略,后文还会展开阐述。

图 18-2 中其他的主要流程,与大部分的传统PMC计划流程体系基本一致的。从需求管理到S&OP,再到主生产计划,层层展开直到物料需求计划和车间详细加工计划,再加上计划变更管控和低周转库存管理。

图 18-2 所示的计划业务流程架构只是参考,我们在本书中称之为集成计划流程体系,以便和传统PMC的计划流程体系区别开来。每家企业的业务、管理理念都有自己独到的特点,因此流程架构的设计结果也是不同的。无论企业业务如何与众不同,一个良好的计划流程架构必然具备的要素却是不可缺少的。没有流程架构

的指导，导致很多企业计划流程缺失严重，不仅仅是缺少这里着重指出的计划策略、计划配置类使能流程。即使在传统PMC领域的流程都是缺胳膊少腿：有的企业没有主生产计划流程，有的是缺了S&OP，有的企业甚至只留下了最基本的物料计划流程。没有流程的约束与指导，计划业务任由计划员发挥，企业还希望计划工作做好，这无异于缘木求鱼了。

第二节 设计完整的计划业务流程

在流程架构设计结束之后，流程再造（改善、优化）只是完成了第一步。后面就该开始流程设计了。

在什么是流程这个问题上，国际标准化组织ISO对流程的定义的影响是最大的，因为几乎所有的制造企业都采用了ISO标准作为打造管理体系的基础，绝大部分的企业管理者都学习并实践应用过。

ISO对流程的定义是：由一系列有序的活动组成，这些活动共同实现了一项特定的目标，通常跨越了不同的部门和职能领域。流程一般包括输入和输出，通过对输入进行加工和转换，最终得到输出。

可惜的是很多人没有意识到，为了普遍适用于各种行业和各个不同的组织，ISO标准必须是高度浓缩、提炼的普适性的原则。因此它删减了很多内容，以至于流程本身应该有的很多要素也被精简，就是"只有骨架没有肌肉"了。

借鉴先进企业的管理经验总结，我们先将流程的要素范围给一个圈定，采用九宫格的形式可以比较直观地体现，如图18-3所示。

起点	目标	终点
输入	主要活动	输出
流程关键绩效	流程的业务规则	关键角色

图18-3 流程要素九宫格

我们在流程设计时，一般要把该业务流程的上面9个要素定义梳理清楚，这个过程基本上就是流程概要设计的主要工作。

（1）目标。为了防止流程设计时离开"为客户创造价值"这样的业务基本目标，为每一个流程清晰地描述流程活动的目标，既是一种自我检查，也是对流程执行人员的一种指导。例如"生产计划流程"的目标可能会被描述成：为生产部门提供生产任务及其准确的开工完工时间，从而指导其准备生产资源，又为物料采购部门提供准确的物料需求时间和数量，最终提升企业的"及时交付、生产资源利用率、库存周转"等运营绩效。

（2）起点和终点。流程是分层的，也是需要分段的，每一段活动都有起点和终点。实践中需要注意的是分段的"度"。若分段太粗，也就是说流程设计者把很多的业务活动放在同一个流程，不但让该流程显得臃肿和复杂，太多的活动也难以确定负责该流程的角色。同时，使流程难以维护，因为活动越多变更的机会越多，任何一个变更都需要去升版流程，从而使流程失去稳定性；若分段太细，流程数太多了，一件事情分成两个流程去表述，也是不可取的。因此，分段的原则，就是一个流程应该有明显的可识别的起点和终点，同时在这个区间内流程的活动创造了可见的价值。在自己不太能够熟练把握这个分段的"度"时，参考标杆企业是一个很好的方法。

（3）主要活动。这一点当然是流程的基本要素了，ISO都写明了流程就是一连串的活动。只要在"起点和终点"的限定下，熟悉业务的业务专家很容易列举出区间内的主要活动。

（4）输入和输出。几乎每一项业务都不能孤立地存在，它一定需要其他流程的输入，同时它的输出也是其他业务流程的输入。例如，"需求计划管理流程"这个流程的输出文件"需求计划"通常是主生产计划的输入，而主生产计划还有其他输入，例如"产能建设计划"等。"主生产计划管理流程"产生的业务结果可能以文件"××主生产计划"输出，它又是后面"物料需求计划管理流程"和"生产加工计划管理流程"最重要的输入。另外需要注意的是输入和输出不是一定在流程开头和末尾，中间也有输入输出。

（5）流程的绩效。它的含义应该是"本流程管理范围内业务结果的衡量"。绩效是为了衡量流程执行的效果，而不仅仅是为了考核，这个思想很重要！因为考核只需要一小部分关键指标,而几乎所有的流程都应该有绩效去衡量。另外反对用KPI考核员工的声音很多,但是不太会有人反对去衡量流程绩效。在设计流程绩效指标时,需要避免过多地采用多流程共用的、宽泛的、本流程有影响但不能起决定性影响的指标。例如,主生产计划流程对应的业务活动对企业库存周转、及时交付影响很大,但是一个MPS流程决定不了这两项运营指标。所以不建议采用库存周转、及时交付作为流程指标,而可以采用所编制的主生产计划是否合理(可执行、优化)等作为指标。而对主计划员的绩效考核,倒很有可能包括库存周转指标,只是和其他同事一起背而不是独自承担。

(6)流程的角色。角色的指向要清晰,特别是每项活动的指向一定是一个或几个详细的角色。笔者曾经在某企业看到他们的计划流程的所有活动的责任人都是"计划部",再细问下去,才知道实际上可能是计划部长、计划科长,也可能是计划员。这样的描述当然是不合格的,含糊的流程一定带来糟糕的执行。这里笔者按照HAY公司的角色区分方法,做一个简单介绍。一般来说,一项活动中有4种职责,R是对该活动负责,S是支持,A是批准,I是被告知的。R只能是一个,其他可以是多个。那么在流程设计时描述的关键角色,应该是R的那一个,而不必要列出太多人。一个流程里多个活动,分别由多人负责,那么只挑关键活动的负责人。这时候可能还是有几个负责人,但是不能太多。还有一个角色叫"流程的owner"即"流程所有者"。一个流程一定只有一个"Owner",甚至一个流程子域、流程域都只有一个"Owner",这个"Owner"不一定是流程的关键角色,但是他一定是流程业务结果的负责人,他是流程设计的最终审批人,虽然他不一定是这些流程活动的负责人。

(7)业务规则。流程中最难梳理、设计的要素。仅从其他8个要素来说,各个制造企业的计划业务流程很相似,甚至企业可以"高仿"某个标杆企业的流程。然而一到了业务规则,那就必然是高度本企业化的,必须在公司内部仔细讨论再予以标准化。业务规则是最依赖公司业务特性的、最体现管理意图的。一旦仔细地推敲流程的每一项活动,背后必须有大量的业务规则支撑才有可能被准确地实施。业务规则是指导、约束流程中的相关活动的准则,它的形式可能是一段说明文字,也可能是一份作业指导书、一份管理制度。业务规则经常包括：

①相关定义、明确的范围。

②分层定级规则、定量计算方法公式、判别原则、判断的逻辑等。

③权限规则（业务权限、财务权限、审批权限、组织权限等）。

④作业指导书、相关管理制度等。

例1：我们在流程中说，公司战略客户优先。战略客户是谁？是在一份清单上列明，还是一个判断规则？清单谁发布、谁维护？判断规则谁发布？谁判断？判断规则能不能让关联人员清晰无误地判断？这些都要靠业务规则来仔细说明。

例2：我们在流程中说，要尽量保持产线产能均衡。业务规则就要说明什么是均衡，是波动上下限来判别，还是方差、标准差、变异系数来判别？是日均衡，还是周均衡、月均衡？

流程中没有这些详细的业务规则，是很多企业在流程设计中的通病。笔者和很多企业做过交流，能够清晰地说明流程的业务规则的公司比例不高。即使有业务规则，往往也不严谨，没有经过业务专家和业务责任人的仔细衡量和精心设计。没有科学的业务规则支撑，流程落地就成了问题。员工在执行流程时无法可依或有法难依，胆小者彷徨、犹豫、不知所措，胆大者自行其是。这样流程就失去了指导约束的作用。

流程与流程之间的协同也是流程设计的重要注意点。如果忽略了这一点，流程之间相互冲突会是一个很常见的问题，或者反过来某些业务相互衔接不上、拉不到手。这主要是流程设计时，要么几个流程说一件事，七嘴八舌，最终无法统一；要么某些业务活动没有流程对应，被忽视了。除了在流程架构设计时，流程概要设计时也是协同的一个非常重要的控制点。一般来说，流程设计者可以把不同流程的起点终点连起来看，看其是否有重叠，是否存在衔接不上脱手的现象，再把输入输出核对一下，看本流程的输入是否都有其他流程的输出作为来源，也要看本流程的输出是否都有其他流程运用作为其输入。这样的检查能非常有效地帮助流程设计者确认流程之间的协同问题。

第三节 梳理细致的计划业务规则

前面已经解释了不同组织的计划流程是很相似的，相似之处在于流程的8个要素很相似，而特别不相似、个性化的是业务规则。业务规则又是流程之眼，梳理业务规则就是流程梳理的画龙点睛。只有点完这个"睛"，流程才是活的，才可以被有效执行。笔者在企业交流时，非常佩服某企业：它的制造部主管、经理、总监全部在会议室里和我们交流，几乎一整天都没有一个电话找他们。当提起这件事情时，他们很平静地说："我们的管理理念就是领导要把异常变为正常。也就是领导每次处理完一个新型的异常，就要总结提炼出规则，然后变成流程的业务规则，授权给下属处理，领导再去寻找更多的改善机会。与之相反的是有些企业领导整天焦头烂额地救火，你去找他们的流程来研读，其中的活动不一定错，但是业务规则一定是非常简单或者脱离实际业务而无法执行的，所以有点事领导就要亲临现场去拍板。

在这里笔者尝试着介绍一些业务规则的类别，以便读者参考使用。

一、S&OP流程

（1）出货计划的预测管理规则。可能是一个名字类似于"预测管理流程"的文件和作业指导（详见第二个流程规则介绍）。

（2）研发需求的定义。例如包含试制任务、物料样品等。在业务规则中要明确哪些需求要列入S&OP，哪些只需要在日常产品开发流程中处理？

（3）哪些研发事件对供应与需求有影响？这些事件的范围要明确，例如，研发的版本切换计划、产品退出计划等必须列入S&OP。

（4）详细的工作日历。以一个S&OP完整运作周期，详细规定相关活动的日程安排（包括时间、人员）。

（5）供需匹配规则。分不同时间段/不同产品的供需能力不匹配的处理原则，例如哪类产品、哪些客户要优先保证，一般是采用提前生产还是延后交付，等等。这些原则一般是计划策略的规定。

（6）单列的重大/战略项目的范围定义等。例如规定金额5000万元以上的项目、某战略客户的项目、在新能源领域的首单，等等。

（7）预备会议输出的初版S&OP计划的内容要求。这里就需要一个详细的模板，一般来说模板内容包括各种模拟方案的业务假设前提和可能的结果、多方案的利弊分析、建议的行动计划等。

（8）决策会议输出的S&OP计划的内容要求（模板）。一般输出会包括上期回顾、S&OP计划包括产出计划、出货计划、库存计划、另外行动计划、策略审视结果等。

（9）评审决策机制。如哪些人评审？是少数服从多数，还是计划委员会主任一票否决制？等等。

（10）行动计划跟踪机制。谁跟踪反馈？偏差如何上报等？

（11）绩效复盘的机制。例如预测准确率谁来统计分析，谁来负责落实改进计划等。

（12）临时增加会议的机制。例如当要货计划实际与预测偏差多少需要召开临时会议？谁提议？谁批准？谁参加？

二、预测管理流程

（1）预测分析方法的规定。已上市产品预测的方法规定，通常会基于数据分析，可能是一种，也可能是两种或多种方法结合。新上市产品的预测方法规定，一般是专家判断等定性分析。在项目制销售和客户比较集中的B2B行业，可能会采用销售员根据客户提供的预测、项目线索、商机等自行判断，然后逐层上报统计，直至企业的预测负责人给出最后结果。这里的核心是企业要明确规定自己公司的统一的预测方法，这个业务规则很有可能是一份详细的作业指导书。

（2）需求的收集频率及展望周期。

（3）预测计划的颗粒度。例如产品品类的颗粒度、时间的颗粒度等，采用远粗近细的原则。

（4）预测计划日历（取数据时间点）。这个是为了统一统计口径，也是为了及时提供预测的出货计划，需要和S&OP的计划日历对齐衔接。

（5）预测需求与订单的关系规则。例如做N+3的预测时，是否包括客户已下订单？曾经的预测已经到时间了还没有订单，如何处理？这些都要明确规定。

（6）矩阵型组织要明确需求的具体归口。例如，华东的大客户由大客户部经理提交预测，而非大客户由华东区域经理提供预测。延伸下去，还要有大客户清单。

（7）需求预测的变更规则。什么情况下需要变更？例如某月1日提交了，在某月15日突然发现有重大变化，是否需要立即变更？怎么变更？什么是重大变化也要清晰定义。

（8）预测的审核审批权限规则。谁审核？谁审批？有不同意见怎么决定？

三、订单管理流程

（1）订单录入IT系统的规则。订单分类、录入时限、订单编码方法等。

（2）订单交期承诺的规则。是基于供应基线的承诺还是订单交期单独评估的结果？明确的客户优先级清单、明确的产品优先级清单。

（3）紧急插单的处理规则。什么样的订单可以插单？插单的影响谁来评估？最早可以插到什么时间？等等。

（4）和预测钩稽冲销的规则。很多借鉴SAP中的规则，规定在某个时间点之前的预测自动失效；在某时间区间内的取预测和订单的大值；某个时间点后只看预测；等等。

（5）交期延迟预警和升级机制。需要详细规定什么样的订单延迟多少天由谁来预警向谁预警，问题得不到解决或者过于严重时需要升级到哪一层主管。

（6）审核审批权限规则。根据金额、客户、产品、区域等规定审核审批人的权限。

四、主生产计划管理流程

一谈到生产计划类，那么业务规则就太多了。在此列举一些比较常见的。

（1）MPS对象的规定。除了产成品，也有可能是主要部件，例如计算机生产可能就是母板，远期的可能是产品族。

（2）主生产计划的展望期以及滚动更新的频率。

（3）展望期内各个时界的规定。例如需求时界、计划时界、展望时界。

（4）合单分单规则。例如A产品某个需求数量低于500时候应该寻求合并机会，合并机会只考虑需求时间差在2周内的其他需求；数量高于5000时，应该拆分，拆分后的订单数量以2000为基准，尾数则合并到拆分的最后一个订单。

（5）订单排序优先规则。多个规则的优先顺序，例如客户优先级、产品优先级等，到底哪个优先级更重要。

（6）多资源选择的规则。包括多个工厂之间、多个车间之间、多个生产线、设备之间。

（7）启用外协的规则和外协份额分配的规则。例如有的企业规定自己完不成的工作才交给外协，几个外协分别给予50%、30%和20%的份额，等等。

（8）产能空余时，是继续加紧生产还是坚持JIT的生产而空放产能。

五、加工计划管理流程

总体来说，最多的业务规则还是各类约束条件和优化规则，除此之外，还有以下几点规则：

（1）加工计划的展望期，滚动更新的频率。

（2）计划进度监控规则。管控哪些工序的进度，哪些物料的进度。

（3）生产异常处理机制。通常把异常先分级，按照不同级别规定谁协调，谁需要向销售或者客户反馈。

（4）与物料协同的规则。例如1天内的生产计划根据在库物料状态调整；1天外的生产计划考虑在途物料状态等；3~7天的生产计划仅受限于部分难以紧急协调的物料；7天外的生产计划拉动物料不受限于物料。

（5）齐套生产还是缺料上线，缺哪些料可以上线。

（6）计划锁定期的规定。例如5天内锁定，只有总经理可以下令解锁；有的企业甚至规定任何人不可解锁，防止特例一开就无法有效地执行。

（7）缓冲余量的规定。例如2~4周区间内，预留10%产能给预计要来的新订单和紧急插单，5~8周留20%诸如此类的规则。

（8）产能空余时，是继续加紧生产（先填满负荷再说）还是JIT的生产（负荷不足时）。

六、物料计划管理流程

（1）物料计划滚动更新的频率。

（2）不同的物料的计划层级（MPS级还是MRP级）。

（3）各类物料分别采用的不同计划方式。

（4）主要的物料计划参数（采购频率、安全库存、经济批量等（详见前面章节）。

（5）MRP例外信息处理的规则。IT系统要求到料延迟、提前的、减少的，都应该根据金额和后续使用预期做出不同的处置规定，既要避免不闻不问，又要避免信息太多忙乱不已。

（6）各种物料版本切换的规定。这些可能只需要引用产品开发团队的指令即可。

（7）各种物料替代的规则。这些可能只需要引用产品开发团队的指令即可。

（8）物料异常处理的规则。

七、详细调度计划管理流程

比起生产加工计划，详细调度计划颗粒度更细、时间节点更细，但是展望期更短，因此绝大部分的生产加工计划管理流程的业务规则都是适用的。只是一些规则要细致到工序级。例如前面所说的：

（1）工序和工序之间的关系规则。

（2）工序级的切换规则。

八、计划变更管理流程

（1）变更的分类。例如按原因分为客户导致的变更、产品设计与工艺导致的变更、物料导致的变更、生产过程导致的变更。

（2）变更的分级。例如按影响交付的程度来分级。

（3）基于分层分级的反馈、处理机制以及问题升级机制。

（4）变更处理各环节的时效性规定。

看了这些业务规则的列举，相信读者对为什么"业务规则是流程之眼"有了一定的感觉，也能觉察到不同企业的业务规则一定是不相同的。虽然列举了不少的规则，但在实际的计划业务中，存在着远多于列举的这些计划业务规则。这也是计划难做的原因之一："业务规则繁多"，尤其是当你想IT化的时候，你少考虑一条规则，你的计划结果就会有偏差。

只有在流程设计的时候详细地列明各类计划业务规则（经常表现为各种计划逻辑和计划参数），计划人员才有可能按照企业期望的方向去开展计划工作。如果企业流程中没有这些详细的业务规则，计划人员就只能按照自己的理解去做，难免会一人一个样。

业务管理人员如果不喜欢、不愿意、不重视或者没能力去制订详细的合适的业务规则，而希望仅仅用自己的临场指导、魅力、领导力或者是奖惩来管理计划业务，一是没有尽到管理职责，二是不可能有好的稳定的输出。

第四节　设置合理的计划业务流程KPI

自古以来，有了多人的活动就有了管理，有了管理就有了与之对应的衡量、测量的活动。大明王朝的一代名相张居正的"一条鞭法"为摇摇欲坠的大明王朝续命60年。其实"考成法"先于"一条鞭法"推行，是"一条鞭法"成功推行的重要因素，为后者打造了必需的组织执行力。"考成法"是对官员的绩效考核管理办法。而在国外，科学管理之父泰勒的管理理论中的差别计件工资制也是一种绩效考核。在现代管理理论中，六西格玛的DMAIC是指定义（Define）、测量（Measure）、分析（Analyze）、改进（Improve）、控制（Control）五个阶段构成的过程改进方法，其中测量也是不可缺少的环节。

当今时代，无论各企业管理水平如何参差不齐，几乎每一家还是有一定的绩效考核。可惜的是有些企业由于绩效管理的不合理，带来的效果也是差强人意，甚至起到了反作用。因此社会上有"企业死于KPI"的说法。

笔者的观点：KPI是一定要的，没有衡量就没有管理。出问题的是"不合理"这三个字，而不是"KPI"。

1. 合理的指标

（1）Why，指的是目的和目标明确。KPI目的是衡量结果、发现差距从而推进改进。差距是指和战略目标的差距、和客户期望之间的差距、和股东财务回报期望之间的差距、和组织发展期望之间的差距。其中绝大部分只适用于衡量而不适用于考核，只有一部分KPI适用于考核员工。

（2）Which，这里要抓住关键。可根据"二八法则"，解决设置哪些KPI的问题。绩效考核本身不是增值的活动。不能眉毛胡子一把抓，搞得KPI面面俱到，消耗大量的管理资源去获取考核数据、生成KPI、分析考核结果和运用考核结果。"企业死于KPI"的现象后面的主要原因，就是KPI太多、太复杂、太耗费管理精力，结果干增值活动的时间没有了，企业也就衰败了。选择哪些KPI，选择多少KPI，这是个"度"的问题。

（3）How，一旦选择了要衡量某些业务，就要考虑如何去设置对应的KPI。这里就需要把握设置关键绩效指标的SMART原则。

2. SMART的含义

（1）S代表具体（Specific），指绩效指标要切中特定的工作指标，不能笼统，不能泛泛。

（2）M代表可度量（Measurable），指绩效指标是数量化或者行为化的，验证这些绩效指标的数据或者信息是可以获得的，验证的过程成本不能太高。

（3）A代表可实现（Attainable），指员工在付出努力的情况下可以实现绩效指标。企业要避免设立过高或过低的目标，最好的度就是跳一跳摸得着，要努力才能达到、能够达到。过高的目标怎么努力都达不到，容易造成气馁，员工甚至可能直接放弃。过低的目标非常容易达到，就起不到激励和传递压力的作用，甚至可能让人更加懒散。

（4）R代表有关联性（Relevant），指绩效指标与指标之间具有明确的关联性，最终与公司目标相结合。这一点，也非常重要。我们强调力出一孔、利出一孔，首先要在KPI上有关联性。这种关联性，有时候是下级直接承担上级的KPI。有时候是一个横向分解，例如，及时交付率分解为物料及时交付率、生产及时完成率。有时候是一个纵向分解，例如，供应链总监承担了制造成本下降率，而采购经理承担了物料采购成本下降率，生产经理承担了制造费用下降率。

（5）T代表有时限（Time-bound），注重完成绩效指标的特定期限。这个时限，一方面要有最短期限，另一方面又要规定最长期限。绝大部分企业按照日历来规定完成时间，那就需要进行分解。例如库存金额，规定一年要下降一个亿，可以分解到每个季度下降多少。每个季度下降的额度，又不能简单地平均分配，而是要根据业务的特性来分解。

笔者认为还可以再加一个特性，叫平衡性（Balanced）。我们的业务目标往往是"既要……也要……还要……"。例如，我们的计划工作既要保证及时交付，也要防止库存过高，还要考虑生产效率。这样我们的指标设置就要从不同的方向来规范行为，就像建了一个甬道，不让你特别偏左，也不让你特别偏右。这样的话SMART原则可以改为SMART-B原则。

最后是KPI的结果应用。再一次强调的是"事事可衡量"，不是"事事去考核"。考核的范围要远小于衡量的范围。无论是衡量还是考核，最终是为了持续改进，持续改进就要有新的目标、新的行动计划以便跟踪管理。

基于这些原则，我们再次回到计划业务流程，看看可以设置哪些典型的KPI。

无论是参考供应链运作参考（SCOR）模型，还是基于平衡计分卡的理念，我们的KPI总是要体现这几个方向：客户满意不满意（敏捷性、反应性）、股东满意不满意（财务类、可持续性）、社会满意不满意（环保、社会责任）以及组织与员工的成长（安全、健康、能力等）。在这几个方向上再细分出很多指标，例如客户关注的是交付及时率、订单满足率、质量合格率等。股东关注利润、成本、资产效率。例如现金周转率、利用率等。这些都是全过程的结果指标。而在流程绩效的设置中，我们又要分解到该流程全段活动或者是某段某一个活动对应的绩效指标。我们还是逐个对运行类流程里的KPI举例说明。

一、预测管理流程

1. 预测准确度

针对这个流程，大家都想设置的KPI是预测准确度。但是真要去设置的时候就犯难了。假如每次预测12个月，每月提交一次，也就是某个月的预测被提交了12次，如何计算准确度？还有预测有正偏差、负偏差，如何进行计算？笔者在这里推荐的是加权平均法。例如2024年1月预测准确率计算过程示例如表18-1所示。至于选6个月还是8个月还是12个月，这个根据企业实际情况自己选择。权重设置的方法，也是根据某个月的预测对企业运作影响大就给予大的权重，例如$N-3$那个月可能是关键物料的决策时间很重要，那就把$N-3$那个月的权重加大。$N-5$那个月是产能准备的最优时间，这个月的权重也加大。N是指预测准确度测评时的实际时间，例如当2024年1月底测评2024年1月的预测准确度时，N就是2024年1月，$N-3$是往前推3个月就是2023年10月。

表18-1 产品族预测准确率评估表

预测提交时间	2023年1月	2023年2月	……	2023年12月	全年
预测数（个）	12000	8000	……	11000	
实际数（个）	10000				
绝对偏差数（个）	2000	2000	……	1000	
预测准确率（%）（1-绝对偏差数/实际数）	80%	80%	……	90%	
准确率权重分	5	5	……	20	100
准确率加权后得分	4	4	……	18	85

在测评时，还需要考虑的是产品颗粒度维度，是按产品族还是按产品？笔者推荐产品族，除非你的产品品类很少。预测管理组织管理很多产品族，那么各个产品族分开统计后又要去合计起来，合计起来又要对各产品族先加权再合计了。如表18-2所示。

表18-2　XXX组织预测准确率评估表

产品族	产品族A	产品族B	……	产品族F	全部
预测准确度得分	85	70	……	80	NA
权重（%）	30	25	……	20	100
加权后得分	25.5	17.5	……	16	84

2.及时性

每项工作都有及时性。这里的预测及时性、后面的计划编制及时性、计划下达及时性，等等，相对来说比较容易定义，无非在约定的截止时间前是否及时提交了。后面我们对此类指标不再作说明。

二、订单管理流程

除了各种处理过程的及时性类的指标，订单管理过程中的KPI可能包括：

（1）交付及时率。主要是基于客户要求的及时交付率OTDR，而不是基于供应链承诺的OTDC。

（2）客户延迟收货的产成品库存天数。是希望销售人员对客户承诺交期真正基于客户需求而不是为了追求过度安全缓冲而造成大量提前生产。这个和OTDR就形成了一种平衡性。

（3）订单录入与冲销准确率，这是一个工作过程的质量指标。

三、S&OP计划

S&OP计划整个流程的目的就是为了供需更平衡，供需平衡体现在交付准时且库存少。因此可以设置此类指标：

（1）及时交付率OTDR，在MTS情况下，可以是缺货率、缺货损失等。

（2）同时设置对应的限制指标可以是ITO库存周转率、产能利用率等。

（3）对四个关键过程，要货预测过程可以设置要货准确率；供应能力评估（供需平衡方案）这个过程可以设置诸如供应方案达成率之类的指标；对于决策质量就上面的结果指标来衡量就行了；对于S&OP规定的行动计划落实的衡量监控可以按及时完成率这类指标。

四、主生产计划

主生产计划需要指导后期的生产加工计划、物料需求计划，过程中需要完成交期承诺、粗颗粒的需求与供应资源平衡等，所以以下这些指标可能比较合适。

（1）及时交付率OTDC，这时候应该是基于承诺而不是基于客户需求。

（2）ITO库存周转率、产能利用率等也是合适的。

（3）主生产计划的合理性（可执行性、优化程度），可以根据企业实际情况用一些更具体指标来衡量这个合理性。在导入APS后，就可以直接用某版本主计划编制后的预期绩效指标加权评分。这些预期指标可以设置包括及时交付率、库存周转率、设备利用率、平均交付周期等多个指标。

五、生产加工计划

（1）加工计划的合理性（可执行性、优化程度），和主生产计划一致，只是时间跨度小了。

（2）齐套上线率，可以考核加工计划和物料计划的协同。

（3）及时编制完成率。

六、物料需求计划

（1）原材料库存周转率，可以防止过早过多地购买材料。

（2）生产缺料待工次数，又是对应地从另一方向防止计划偏差，造成物料过迟过少。

（3）紧急采购次数。

七、车间调度计划

（1）合理性（可执行性、优化程度）最为重要，但是除非借助APS，否则很难进行评估。

（2）及时编制完成率。

八、计划变更管理

变更可能来自客户、来自研发、来自物料、来自生产异常等。计划变更管理这个业务的核心是要快速反应，控制住变更的影响，减少损失。因此可以设置的指标包括：

（1）计划变更造成的停工损失。

（2）计划变更造成的呆滞物料金额。

（3）因为计划变更造成的延误交付、库存增加等。

九、低周转库存管理

在这个业务中，既要防止产生低周转库存，又要及时处理消耗已经产生的低周转库存，更要避免还在增加低周转库存的物料、半成品和成品。这里可以设置的指标：例如低周转库存的绝对值或者低周转库存相对变化值。

每一个完整的绩效指标，应该包括名称、定义、计算方式、数据来源。如果用于考核，则还要给出评分方式。例如指标完成值低于X_1，则得零分；完成值等于X_1，则得70%的分；等于X_2，则得100%满分；$X_1<$完成值$<X_2$，则按线性比例折算；完成值$\geq X_3$，则得130%的分，$X_2<$完成值$<X_3$，则按比例线性折算。这里面最难的是定量，即X_1、X_2、X_3的数值怎么确定，这需要指标值的决定者非常熟悉业务及发展趋势。

完成了流程架构设计、完成了每个流程的概要设计，尤其是业务规则的梳理、KPI的设定等，下一步就是进行每一个流程的详细设计，逐步地就会有一个全面的计划业务流程体系。

第十九章
计算管理与科学精确的计划

在前面章节讲了计划工作的本质包含"流程"和"计算"两个特性,计划工作的很大部分工作场景是在各种输入都很"乌卡"的条件下,计划员动态地、不断地输出一个又一个确定的最优解并去协调指导各关联单位实施。而这个最优解的获取过程需要大量复杂的计算,包括计量、核算、权衡、决策。计算的过程就需要数据和对应法则。虽然很多企业没有详细列出对应的法则,而实际上经验丰富的计划人员大脑里一定有大量的"经验法则"以便他们可以"计算"。但是这个"经验法则"是否够科学却不可保证,如果企业过于依赖某个或某些"能掐会算"的资深计划员则是一个问题。如果一家企业没有固化了对应法则的IT系统,即使企业的计划流程做得再好,还是不能解决计算问题,各种场景的模拟问题,最优化问题,也就不能彻底地解决计划的问题。它的计划业务的绩效一定会受到很大的限制。因此,笔者认为传统的PMC方法论需要与时俱进。计划改善方法不能仅限于优化流程,不能仅仅强调流程的执行,还要研究"计算"的问题,研究如何设定科学的对应法则,研究如何借助IT系统缩短计划过程,研究如何确保输入数据的质量和及时性的问题。

在本书的第11章,我们用一张图展示了管好计划的"计算"涉及的要素包括数据(静态基础数据、动态业务数据)、业务逻辑、计划参数、运算转换规则以及组成的计划方法(对应法则);过程包括计量、核算、权衡、决策四个环节。下面按照这个逻辑,来展开说明如何管好计划业务的"计算"。

一、梳理完整的业务逻辑

在前面章节中,笔者说明了计划业务中生产计划和物料计划典型的业务逻辑,也举例说明了计划体系的运行类业务流程的典型业务规则。企业去梳理完整的业务逻辑一般是在流程再造时和IT系统导入时。但是，由于很多企业没有意识到业务逻辑的重要性，或者因为企业员工感觉很麻烦，或者因为企业内部管理人员和业务专家没有能力，造成无法梳理完整的业务逻辑。任何企业缺少了业务逻辑这一项，其流程不会很好用，IT系统更不会好用。任何想跳过业务逻辑这一环节进行计划改善，都很难获得预期的效果。因此，梳理计划业务逻辑是一个必经之路。

二、配置合理的计划参数

计划参数包括定性和定量两类。定性的计划参数一般在业务逻辑梳理清晰后可以比较容易地获得。定量的计划参数则比较麻烦，因为管理的难度就在"灰度"，在于精确的定量。在这里唯一可行的方法还是靠计划业务专家。有时候也不用过于紧张，或许一开始的计划参数存在一些问题。只要大思路正确，经过几轮的复盘改进，终归会越来越好。

三、选择合适的计划方法与IT工具

我们选择MRP、看板、APS、补货点法等计划方式，是为了利用这些成熟的方法中已有的各种业务逻辑对应的运算转换规则。看板和补货点法都是标准的逻辑，加上企业个性化的参数即可。MRP的总体逻辑是标准的，但是在局部的业务环境中业务逻辑差异比较大，例如，替代物料、多版本物料应用等复杂逻辑的业务场景。在运用MRP、APS这样的管理软件时，或者直接调用软件里已有的各种函数、表达式，或者是去配置成一个运算转换规则包，包里同样包含了各种函数和表达式。

物料计划方式的选择方法前面已经介绍过，我们可以从MRP、看板、补货点法、见单采购几种方法中选择，选择的逻辑也进行了介绍。对于生产计划方式，看板这个方式很不错，只可惜看板对应用环境的要求太高。随着社会环境越来越"乌卡"，实际上看板的适用范围在缩小，这一点很可惜，对很多企业来说还没有开始就结束了。至于MRP的方法，只能将就着用，前面分析了在生产计划领域MRP能解决的问题实在太少。实际上真正能解决生产计划问题的是APS。现在很多汽车总装厂包括看板用得最好的日本公司，都开始导入APS，这也是一个很明显的证明。目前阶段能够认识到APS的巨大的作用的企业还太少，能够提供合格的APS的软件商太少，能够提供良好的实施服务的实施商还是太少。后两个少到凤毛麟角，全世界也就几家。如果用APS提升最难的车间详细调度计划，那成功的案例更稀缺了。三个"太少"叠加，APS推广的速度远远低于该有的速度，理论上的巨大价值无法实现，绝大多数企业计划改善的"金矿"还在沉睡，真是让人扼腕叹息。

四、维护准确的业务数据

数字化时代、AI时代的到来，使大部分企业最基础的数据还需要大力地去补课。这里面有决策领导层的原因，他们不愿意给予内部数据治理足够的资源。这里面也有历史的原因，企业创立至今数据累积了很多，不仅仅是财富也是包袱，任何一个数据的改动，牵涉太多的其他数据。例如改动一个物料编码，BOM怎么办？历史采购记录怎么办？历史质量记录怎么办？等等。这里面还有技能的原因，例如笔者看过很多企业的最基础的物料编码方法，几乎所有企业都没有正确的编码基础原则，不能在这一环上最大限度地防止"一码多料、一料多码"。还有就是执行力的问题，库存记不准，过期的订单不清理等现象比比皆是。

计划的过程是最需要数据来计算和决策的。其实很多企业的问题表面看是计划的问题，实质上是数据的问题。数据的提供者不能提供正确的数字，"垃圾进垃圾出"，倒霉的是计划部门。其实数据的质量基本上能够代表一个企业的运营水平和"齐心协力"的程度。"信息化"时代来过了，"数字化制造"时代来临了，数据是迈入这个时代需要跨过的第一道门槛。在不远的将来，数据治理应该会成为很多CEO的重要议题，随即数据治理组织、数据治理工具、数据治理顾问都会得到很大的发展。

五、以告别Excel为标志

计划业务需要复杂的计算，显然不是Excel可以做到的。那为什么无论是在实施MRP还是APS中，总是会碰到一些反对者说"还不如Excel"？我们需要去分析这些现象背后的原因。

1. Excel使用者觉得软件系统很麻烦

软件系统里设定的逻辑要符合业务场景，而且逻辑是要完整和严密的。在Excel里边计划员可以自行决定"靠计算还是靠经验直觉"，既可以让表格计算出答案来，也可以直接输入自己认为正确的答案。就像大脑思考的过程一样，不是每次都要经过严密的计算和推理。在运用APS时需要梳理出很多复杂的严密的逻辑，每一种可能的业务场景都需要预先设置运算转换规则。这需要大量艰苦的工作。这往往让很多计划员很不习惯，因为他们更愿意用更直接的工作方法。例如，订单数量有大有小，在大脑里可以模糊地说如果批量大于600就拆单，拆成300为基准的，尾数再成一单这样就够了。在Excel表中计划员就可以直接填写300或者200或者275这样的数字。但是在管理软件中，计划人员就需要把完整的逻辑和公式写出来。例如订单数量是601，那么拆成300、300、1这样肯定不合理。再挖掘一下计划人员大脑中的业务逻辑，你就会发现事实上还有一条逻辑：尾数<100时，并入前一单；尾数≥100时，自成一单。以这样的逻辑，601就会拆成300、301；699会拆成300、399；700会拆成300、300、100。这个数学处理逻辑是客观存在的，现在要求计划员把它梳理后写下来，他可能就会觉得"很麻烦"。这是一个简单的例子，在实际业务中，有远比这个更为复杂的逻辑，那可能"更麻烦"。

要克服"怕麻烦"这种心理，实际上就是要取消前面说的"妥协策略"。管理者坚持高质量的要求，这种高要求Excel是做不到的，计划员就不得不去借助软件系统，也就不会嫌麻烦了。

2. Excel使用者觉得软件系统不自由

计划员喜欢用Excel的很大原因是他可以"自由调整数据"。很多错误的数据，在Excel里边可以由计划员自行调整过来，因为Excel的数据本来就是他一个人的。例如仓库库存显示有100件A物料，计划员其实知道有30件是质量部门封存不让用的，还在和供应商扯皮，或者是红颜色的，不好正常使用。用Excel做计划时，计划员就把30记录在上面，有效的库存就是70了，这个对他来说就很方便。而在ERP和APS里，他没有权限修改。

对这样的想法，企业第一个是要真正解决他们的问题，即数据质量问题。另外一个就是要让员工理解一个道理：应该是每个人保证自己产生的数据质量并共享，而不是每个人在孤岛上维护自己使用的数据。这样才是最优的，但是一开始也是最难受最痛苦的。

3. Excel使用者觉得软件系统结果不准

这里面有几种情况比较常见。

（1）这种感觉实际上是错觉。我们为企业实施APS，在测试阶段和上线阶段初期很容易听到计划员有这样的抱怨。有一部分是计划员的错觉。计划员更习惯于自己的关注点，例如设备利用率，而当APS排出来的计划在这个关注点上略逊于原来Excel排的计划，他就认为APS不对。实际上我们仔细分析，并对APS结果进行多个维度的评估（APS可以自我评估特定计划的未来的多个运营指标预期结果），发现APS给出的结果才是最优的。

（2）确实是软件系统结果不合理。这时候，需要坚持做分析和改善。找一找是业务逻辑漏了还是错了，计划参数是高了还是低了，还是数据的问题。找到原因，对症下药，问题就解决了。要知道这样的改善固化在系统里，某种意义上是一劳永逸的。当然一劳永逸是相对的。企业的管理诉求变了、产品变了、工艺变了、生产资源变了，都可能需要设置新的排产业务逻辑和参数。而这种变化是必然一直在发生的，也就是软件系统内部的设置一定要持续更新。否则，计划员越用越觉得偏差大，不符合业务实际，他甚至可能会去重新捡回Excel。

面对计划如此复杂的计算特性，如果某企业的计划工具以Excel为主，那么计划工作的结果上限就比较低了，很难让人相信它的计划是优秀的。

六、在"确定性"和"不确定性"之间

企业家和学者经常发表一些关于确定性和不确定的感想。华为任正非说过：我们不是靠人来领导这个公司，我们是用规则的确定性来对付结果的不确定。很多著名企业家都表达过"用内部的确定性来对应外部的不确定性""用过程的确定性来对应不确定性"等类似的思想。

笔者在本书中讲了很多逻辑、参数、函数、数据，就是这种思想在计划领域工作的落地。这是因为只有数学才能让计划的工作变得越来越精确。外部环境越来越不确定，企业更需要提升计划工作的确定性。

很有意思的是，几乎所有的管理者都会认同这个理念。然而一到实际的工作中，则往往相反。例如，很多企业都问过笔者一个问题："我们的需求一直在变化，我们的供应也常常突发异常，我们还需要APS这样的工具吗？"笔者给他们的答复是："在没有APS这样的工具时，我们用模糊的感觉去指挥供应链体系应对各种变化，妥协策略、简化策略是必然的选择。甚至可能是采用鸵鸟政策面对频发的变化，例如让生产部门自行应对异常突发，而不是由计划部门重新调整出一版更全局的应变对策。而APS是让企业主动地、快速地、精确地去应对变化，虽然这一轮的应对还没有完成可能又要下一轮的应对了。这种主动、快速、准确正是企业减少损失、敏捷反应必不可少的。"

另外，我们也要看到，无论怎样提高过程和规则的确定性，最终我们总留有一部分不确定性。因为世界不断地从现在向未来演绎，总能演绎出很多我们预料不到的情景。在面临不确定时，还是数学的"期望"可以帮助我们去权衡利弊，做出最优的选择。

在计划领域更是如此，我们即使应用了大量的数据和数学计算，仍然包含了很多业务场景假设，所以仍然存在很多的"不确定"。这时候我们需要的是不断提升假设的准确性，同时仍然需要有责任担当、有决断力的领导和业务骨干去做出主观的模糊的决策，而不是完全依赖"精确的"数据推演。同时需要声明，这里强调了计算，不代表笔者主张聘用"数学家"来做计划。因为"数学家"是稀缺的，而且"数学家"也不是万能的。做好计划工作，不完全是一个"计算方法"问题，还有业务假设的合理性和正确性。数学家不一定擅长业务假设，这恰恰应该是业务专家和管理者的强项。总之套用一句很老套的话就是："计划工作中，计算不是万能的，但是没有计算是万万不能的。"

第二十章
SMPS模型与集成的计划

前面第17章—第19章分别讲了计划流程再造和管理计划的计算，这时候我们基本搭建完成了"计划大厦"。但是有经验的高级管理人员一定会发现，他们的问题还没有彻底解决，即总经理、副总经理和供应链总监的问题还没有解决。高层管理人员需要知道如何把公司的战略规划SP和年度业务计划BP无偏差地落实到基层计划人员的日常工作中，从而使得SP/BP的要求可以得到贯彻落实。

当计划部门要求领导批准物料采购申请、生产计划、计划变更时，领导一般不能够精确地发现偏差。因为每一项申请背后的来龙去脉实在太复杂，又关联了大量的计算。因为时间紧急，领导只能无奈且疑虑重重地审批同意。虽然计划工作最后的结果可以有指标反映，但是管理者都希望是事前管控而不是秋后算账。因为供应链运作一旦出了问题，到时候担责的还是管理层。领导发现自己对计划"失控了"，这让他们不免惴惴不安，但是又徒呼奈何！

还有一个问题是笔者前面一直在说的：传统PMC没有足够地关注"计算"的实现方法和实现过程，忽视了新的计划"计算"技术。

经过多年的实践锤炼、思考总结，笔者终于创造出了SMPS模型，以此来构建上下贯通的管理计划体系，从战略层一直到执行层的贯通，以此来很好地连接流程和计算。

第一节 SMPS模型介绍

这里先来介绍一下SMPS模型。如图20-1所示，它由四个部分组成：

第二十章 SMPS模型与集成的计划

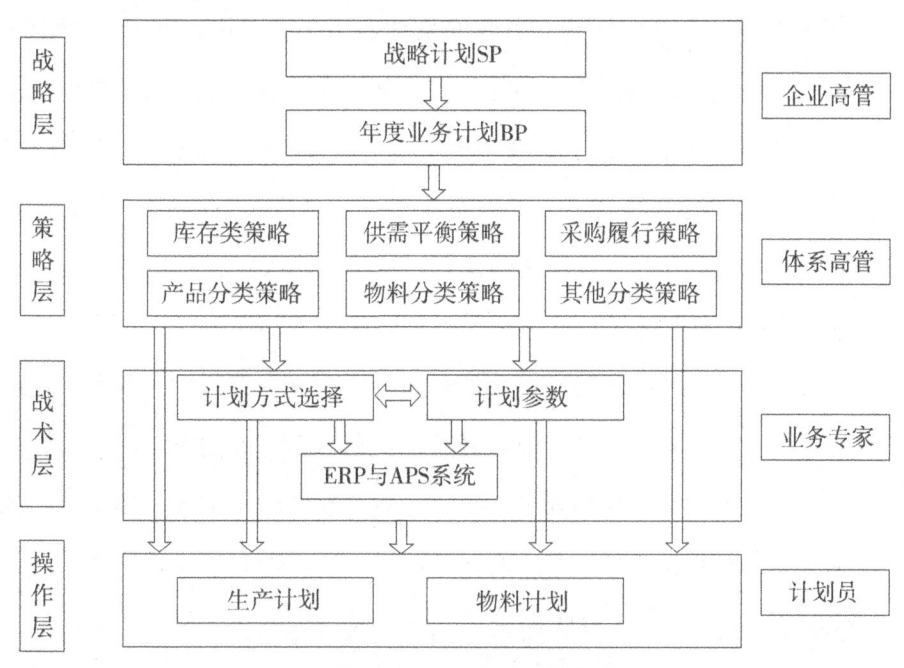

```
战略层 ┌─────────────────────────┐
      │    战略计划SP           │   企业高管
      │        ↓                │
      │    年度业务计划BP       │
      └─────────────────────────┘

策略层 ┌─────────────────────────┐
      │ 库存类策略 供需平衡策略 采购履行策略 │  体系高管
      │ 产品分类策略 物料分类策略 其他分类策略 │
      └─────────────────────────┘

战术层 ┌─────────────────────────┐
      │ 计划方式选择 ⇔ 计划参数  │   业务专家
      │    ERP与APS系统         │
      └─────────────────────────┘

操作层 ┌─────────────────────────┐
      │    生产计划    物料计划  │   计划员
      └─────────────────────────┘
```

图20-1 SMPS模型

S：Strategy，策略。关于计划策略，图20-1列举了最主要的几个策略，它们实际上分为两级。第一级是公司级的，包括库存类策略、供应平衡策略、采购履行策略；第二级再进行细分，例如按产品大类再细分的产品分类策略、按物料类型再细分的物料分类策略，还有其他细分的，例如区域、客户群，等等。显然在企业中负责计划工作的高级管理人员要去担负制订计划策略这个职责。笔者将在后面章节里详细描述计划策略。

M：Method，方法。在物料计划的方法中，前面我们介绍了4种主要的计划方式：工单需求法、补货点法（再订货点法）、MRP、精益看板。四种方法各有其适用之处，没有一种方法可以包打天下。而生产计划的方法包括：MRP、看板、APS。计划方法选错了，造成的后果就是事倍功半，显然计划业务专家是最合适的人选，去承担计划方法的选择。

P：Parameters，参数。计划参数，有定量的，也有定性的。前面有章节专门介绍了计划参数。

S：Software，软件。现代企业的共识就是企业需要软件的帮助来提高工作效率、提升工作质量。和供应链相关的有好多软件系统，MES、SRM、QMS、TMS、

APS，其中ERP中的MRP软件和APS软件是计划体系的专用IT工具。我们耳熟能详的"先僵化，再优化，后固化"，绝大部分固化就是把业务过程、业务规则固化到IT系统中。在这里唯有计划软件不一样，它们不但要固化流程，还要解决"计算"问题。由于生产与调度计划的编制牵涉复杂的计算过程，MRP不能担负这个职责。APS帮助计划部门将极其复杂的计算过程从原来人工的粗略计算或大致判断转换为严谨的高效的科学计算，从而成为计划员最能干的助手。

在计划体系中，软件的作用远比其他管理领域更大，因为它们解决更难的计算问题。任何行业总是需要先行者，优秀者总是去努力做正确而困难的事情，也有许多企业获得了巨大的成功，挖掘到了金矿。在成功案例的示范下，越来越多的企业开始引入APS。随着APS软件功能越来越强，软件使用起来越来越简单，顾问的能力提升，计划从业人员对APS认识越来越深刻，成功率也会明显上升。

以上就是整个SMPS模型的四个主要组成部分，四个部分相辅相成，相互作用，有机地结合在一起。

SMPS模型有明确的分层。笔者把计划业务分成了四个层级，分别是战略层、策略层、战术层、操作层。它们分别对应四个层级的人员：企业高管、体系高管（例如供应链总监或者计划总监）、业务专家（当然是指计划业务专家）、生产计划员和物料计划员。SMPS对这四个层级的人员都提供了很好的工作指引。

（1）它非常清晰地连接了企业的战略SP\BP和计划体系的关系。SP\BP通过指导计划策略从而指导了整个计划的运作。没有计划策略这一层，实际上的SP\BP无法有效地指导计划工作，就会形成"公司里计划员权力最大"这样的风险局面。

（2）它明确地说明了计划体系的管理者可以事先控制计划体系的工作输出。在传统的PMC、看板、MRP等计划方法论中，对体系高管往往只提出了审核的工作要求，这是远远不够的。一方面面对快速变化的复杂的各种可能性，所谓的审核也只是走过场；另一方面仅仅是做审核，这样的管理是低效无趣没有任何技术含量的，管理层也体现不了管理的价值。最重要的是计划策略让计划的管理和控制做在了事前，而不是事后纠正。就如质量管理一样，事前管理才是最有效、成本最低的管理方法。

（3）它明确地提出了计划方式需要选择最合适的方法，而不是去找最流行的或者最高大上的方法。笔者极少看到有企业花时间去选择计划工具，反而经常看到的是一些管理者盲目地去推动看板或者MRP之类的工具。让计划员用"电锯"砸石头，工具不对路，费力不讨好，造成一堆混乱；更常见的是基层计划员由于对其他方法一无所知，明明可以用"电锯"锯树，却每天疲惫不堪地用"菜刀"砍大树。

（4）它明确地强调了计划参数的重要性。只要是计划工作，无论企业是否信息化，都绕不开参数。然而在很多企业里，即使信息化了，参数也被放在无足轻重的地方，仅仅把"管理参数"看作计划员的事情。没有计划参数的控制，编制出来的计划是不受控的。当年笔者在企业工作时，若发生交货不及时、库存太高等问题时，笔者会明确要求计划参数负责人要复盘参数的合理性，纠正预防的效果就有了很大提升，计划人员的"参数素养"也大幅度提高。

（5）它明确地指出了MRP和APS信息化的重要性，尤其是APS。现在由于许多不合格的APS软件鱼目混珠，造成了太多失败的案例，导致APS受到了怀疑。还有一些怀疑完全是来自固执和偏见。笔者曾经和一位著名的台湾籍精益专家产生争论，争论主题是APS是否有用。笔者想改变他对ARS的否定态度，然而争论了几分钟后笔者马上停止了，因为笔者意识到他对APS的理解非常浅显，甚至都不知道APS具体功能有哪些。"对自己不知道的新事物而加以贬斥，这是固执与偏见"。笔者不想和一个"自认为有最好驭马技术且没开过汽车甚至没见过汽车但是宣扬汽车无用论"的"马车夫"来讨论汽车光明的未来。很可惜的是，这个否定APS的专家不是孤例。企业太缺乏对APS的了解，也太缺乏APS相关的人才。

（6）它明确地设定了计划专家这个角色。十多年来笔者一直感到困惑的是，计划工作很重要也很难，为什么几乎没有公司设立计划专家这个角色，而只有财务专家、精益专家、采购专家等。笔者在S公司工作时，特意设立了计划专家岗位。当然或许企业觉得计划主管、计划部长是事实上的计划专家，可是这是两个完全不同的概念，一个是行政层级，重要的是领导力、组织能力；而计划专家最重要的是计划专业能力。当然还有公司是按照计划员、高级计划员来设置的，可惜很多此类晋升机制是年功为主。设立计划专家这个岗位是把计划工作在专业上进行分层。工作分层的好处就是高端人才做技术含量高的工作，低端的人员做例行的技术含量低的工作。计划专家应该致力于研究企业的计划业务逻辑、计划参数、计划方法，同时研究 APS、MRP 计划软件，然后把业务和软件结合起来。这样基层的计划员就能轻松地保质保量地完成计划工作了。

（7）模型明确列出了计划方法、计划参数这是个专业工作，而不是行政管理者的责任，更不能是一个基层人员可以去负责的。要防止社会上官本位思想折射到企业里，造成行政领导不具备专业能力但是瞎指挥；也要防止把担子都压在基层人员身上，他们的小身板还承担不起这项工作。

（8）SMPS 模型不单是一个计划体系框架，也是一个从业人员能力模型。根据 SMPS 模型，我们很容易地总结出计划从业人员的胜任力模型、计划管理层的专业能力要求。SMPS 及衍生的胜任力模型为计划体系中不同的角色都指明了学习和实践的路径。基层的计划人员想要提升自己，也可以根据 SMPS 模型，逐项逐层地去建立自己的能力。他们可以去掌握计划参数的原理和配置方法，去掌握选择计划方式的技能；去掌握 ERP 和 APS 软件。这样未来他也可能成长为业务专家。

第二节　计划策略

SMPS 的四个组成部分，其中计划方法、计划参数前面已经做了详细描述，计划软件中关于 MRP 的书籍汗牛充栋。APS 又过于复杂，这里介绍一下计划策略。

"策略"这个词，在英文中也是 strategy，和战略是同一个词。显然中文的表述层次更加分明，策略是位于战术和战略之间的一个层次。

在企业确定了战略规划（3~5年）和年度业务计划 BP（1年）后，战略的落地工作就展开了。除了市场部、销售部、研发部门，供应链部门也要依次展开本领域的各种策略，例如采购策略、生产策略和计划策略。很多优秀的企业用这套工作方法。很可惜的是，目前还只有少数企业会去编制计划策略。

什么是计划策略？计划策略承接企业战略计划和年度业务计划，是公司制订各环节计划的总体原则，并指导计划工作战术层的工作。

计划策略的输入端是公司的战略计划、业务计划。SP 和 BP 内容很丰富，其中一些对计划策略有着影响。

（1）客户端指标（除了服务水平，还需要包括交付周期、期间的交付数量等指标）。前面讲过，这些指标的定量也很有讲究。所以供应链部门本身也是应该参与这些指标的确定过程。企业需要兼顾客户的要求、竞争的状态、自身的能力，仔细权衡，确立这些目标。说明一下，很多论述里目标和策略是分开的，这里我们把目标作为策略的一部分。

（2）财务指标。主要是库存指标，如库存的绝对值、周转天数、呆滞金等，还有内向和外向物流费用、仓储费用等指标。

（3）SP、BP确定过程中需要考虑产品的整体需求形势、物料的整体供应形势等，这些也是制订计划策略的重要输入。

（4）制造及供应模式（ODM、OEM、供应周期）、自制还是外包、生产模式（ETO、MTO、ATO、MTS）等对计划策略也产生重大影响，尤其是这些模式可能发生变化，例如原来是ODM的改为OEM，从MTS变到MTO，这种变化会带来供应链的巨大变化，计划策略一定会受到很大的影响。

（5）各种管理指令对计划策略有着很直接的影响。

计划策略的编制，涉及很多前面谈到的知识技能，还要特别熟悉企业内部情况、企业供应链的情况，所以必须由体系高管负责。负责是对结果负责，但不是包办全过程。体系高管应该带领企业内部计划专家一起来制订这个计划策略。计划策略一般包括几个主要的子策略，主要是从库存的角度、供需平衡的角度和采购履行的角度来看。

1. 库存类策略

首先是承接BP中规定的财务库存预算，例如一个亿金额，这是一个限制条件。库存策略要有助于实现客户端的指标，要考虑原材料的供应与需求形势，要考虑产品的销售预算，要考虑历史库存数量，要考虑产品加工周期等。

（1）库存结构策略就是把这一个亿进行划分。如分别给产成品多少？半成品多少？在制品多少？原材料多少？

（2）库存区域策略是针对业务复杂的企业。例如产成品库存共3000万件，是全部在集团中心仓库，还是分布在各个区域？各个区域各放多少库存？华东工厂和华南工厂各保存多少原材料库存？等等。

（3）安全库存策略是给予一个原则性的指导意见，例如某类产品如何设置安全库存。

（4）战略储备策略一般是规定什么情况下要设置战略储备、设置多少。某些情况下直接对某些重大的战略储备做出安排。

（5）风险储备策略和战略储备策略是非常相似的。另外还应该明确某类特定风险的管理人，因为风险储备策略属于风险管理的范畴。

2.供需平衡策略

计划部门很大一部分工作就是在努力追求供需平衡，无论在S&OP这样的流程中，还是主生产计划、物料需求计划中。现实中没有绝对的供需平衡的业务场景，那么供需平衡策略就要告诉执行部门应该采取什么样的战术去追求平衡。

（1）供需总体平衡策略。一般有三类策略可以选择：一是供应领先于需求的策略，确保供应充足，这种策略一般适用于高毛利产品、战略意义高的产品、缺货成本高的产品。当然前提是公司现金流充足、库存预算宽松。二是供应落后于需求的策略，努力引导客户需求（让客户接受等待或者换到其他供应充足的产品），确保快周转、低呆滞，同时降低产能投资风险，确保总体风险最小化。这类产品就适合于处于衰退期的产品、毛利低的产品。也可能是企业现金流不足库存预算很紧不得已采取这样的策略。三是追求动态平衡的策略，既不激进也不保守，供应努力抓住需求的节奏变化，这种情况是最常见的。

（2）产品之间的平衡策略。资源紧缺时，优先保障哪类产品，在策略中要有明确的规定。依据波士顿矩阵[①]的分类来看，一般来说明星类产品、金牛类产品经常会得到优先供应；瘦狗类产品可能会做一些牺牲，问题类产品就不好说。产品所处的生命周期也是要考虑的。产品之间平衡策略实际上也粗略地规定了产品优先级，这个优先级就是典型的计划参数。

（3）客户群之间的平衡策略。资源紧缺时，哪类客户优先供应？哪类客户做一

---

① 波士顿矩阵（BCG Matrix），又称市场增长率－相对市场份额矩阵。该矩阵把产品分置于4类：销售增长率和市场占有率"双高"的产品群（明星类产品）；销售增长率和市场占有率"双低"的产品群（瘦狗类产品）；销售增长率高、市场占有率低的产品群（问题类产品）；销售增长率低、市场占有率高的产品群（金牛类产品）。

点牺牲？当然是战略客户优先。在策略中最好列出详细的名单并标注好优先级的排序。这个客户优先级也是典型的计划参数。

（4）区域之间的平衡策略。例如资源紧缺时，中国区优先还是海外市场优先？东南亚市场还是欧洲市场优先？区域优先级也是计划参数。

3. 采购履行策略

采购履行策略和采购策略从字面上看，感觉差不多，其实相差甚远。采购策略是采购部门的职责范围，讲的是供应商发展、供应商管理、物料寻源等问题；解决的是物料跟谁买、什么价钱买的问题。采购履行策略讲的是关于供应商物料交付的方法、数量、节奏的问题。采购履行的活动一般从接到物料采购申请到物料收到并支付货款为止。而过程中涉及的供应商份额分配、价格等一般是已经确定了，是采购寻源的工作。在组织划分上，有很多企业把采购履行职责放在计划部门，因为采购履行和计划部门的工作联系是最紧密的。他们时刻接受来自计划部门的指令，并向计划部门汇报物料可能的到货日期以及到货状态。

制订采购履行策略的目的就是保证物料交付，同时降低履约成本和库存。一般存在下面几点策略。

（1）长约锁定供应还是短约随行就市。长约锁定，锁定供货数量，至于价格可能锁定，也有可能不锁定，有时候价格是某个函数，或者价格参照某个物价指数来确定，等等。最常见的是大宗商品，例如中国和俄罗斯签订石油贸易合同，时长可能达到10年，价格可能是参考布伦特指数的。在一般企业来说，更有可能针对瓶颈物料，在供应市场短缺或者预期短缺的情况下，与供应商签订长约，这有助于稳定供应。但是长约也会带来巨大的风险，例如自身销售突然大幅度下降，物料消耗不及预期，供应商仍然会按预定的节奏送货，造成买方巨大的库存。如果同时物料价格大幅度下降，那就是灭顶之灾了。当年的中国首富施正荣的无锡尚德经过2个多月的软磨硬泡，以80~100美元/千克的价格，签下时效长达10年、总额高达约60亿美元的硅片订单。2008年硅片价格跳水，尚德苦苦支撑，每天损失千万元。到了2011年，不得不以2.12亿美元的代价，取消协议。无锡尚德因为这个长约而破产重组。

（2）VMI、JIT方式选择。企业可能和部分供应商签订VMI协议。VMI就是供应商管理的库存，简单来说供应商在买方处设置库存，权责仍是供应商的，买方则领用多少结账多少。这种方式对买方来说既防止了缺料，又不承担库存。对卖方来说，不用一次次去送货、一次次处理订单，省了运输成本和订单交易成本。但是这种方式的前提，就是物料被高频次地重复使用且波动不是很大。笔者在S公司时否决了一个子公司提出的VMI策略，就是因为担心物料使用波动太大而造成供应商库存损失。笔者的一篇公众号文章《VMI中的橘与枳》，就是批评了有些企业运营水平低下却利用买方优势大搞VMI，自己省了库存，却让供应商损失巨大。

至于JIT方式，和供应商之间采用看板的方式来传递需求数量，引导供应商按照看板规则对应的时间送货。看板的应用条件前面已经分析过，JIT虽好，但并非轻易可以做到的。

如果不选这两种方式，就是传统的下采购单、商量交货期再送货、结账这一类方式。

在零售行业，还有可能寄售等方式，这里就不展开了。

（3）供应产能合约还是物料数量合约。物料数量合约就是传统的方式了；如果签的周期长，则为长约采购。

在某些特殊场景中，买方和卖方签订协议，买下供方的某个车间、某条生产线的产能，后期真正交付的数量是根据买方实际需求逐步确定的。买方不仅要支付物料价钱，如果产能利用不足，还要向供应商支付补偿。这也是买方为了获得稳定的供应采取的策略，这种策略适用于瓶颈物料。

4.产品分类的策略

在一些产品种类比较多的企业，由于产品的供应特性和需求特性差异很大，经常需要针对不同产品制订不同的计划策略。产品分类策略也是在上述1、2、3总体策略指导下的展开。分类的思考维度一般包括以下几个方面。

（1）所处产品生命周期不同：导入期、成长期、成熟期、衰退期。

（2）所处波士顿矩阵的象限不同：明星类产品、金牛类产品、瘦狗类产品、问题类产品。

（3）通用产品还是定制产品等。

（4）产品的需求特性和供应特性不同。

针对不同的产品（族）制订不同的库存类策略、供需平衡策略、采购履行策略。这时候，各种产品特性参数影响了计划策略。

5. 物料分类的策略

企业需要综合考虑不同物料的不同需求特性和供应特性，制订不同的库存策略、供需平衡策略、采购履行策略。例如：

（1）物料在卡拉杰克矩阵[①]中的象限不同，卡拉杰克矩阵把物料分在四个象限，分别是瓶颈物料、战略物料、杠杆物料、非关键性物料。

（2）物料的供应特性（是否稳定、提前期长短等）、需求特性（ABC分类、通用性、波动性、使用频率）差异较大，则需要进一步展开并制定不同的策略。

（3）物料本身处于生命周期不同阶段，也需要制订不同的策略。一般来说，在新物料处于生命周期早期时库存可以较高，在末期则较低，以免物料切换时需要处理过多的库存。

（4）对于物料适用的产品范围不同，实际上会影响物料的需求特性。同一产品处在不同的阶段上会影响物料的需求特性，不同需求特性的物料又是不同的计划策略。

在这里，物料的参数影响了计划策略。

6. 其他策略

常见的其他策略主要维度包括不同区域、不同客户、不同项目等的不同的计划策略。

这里为了叙述方便，把各种考虑的因素给分开了，事实上很多因素是交叉的。所以制订计划策略的时候是需要综合考虑的。这种因素的考虑，很难用量化的指标进行计算推导。因此计划策略的制定只能是方向正确、考虑的因素全面，然后依靠策略制定人员和决策者的能力。模糊的正确要好于精确的错误。

[①] 卡拉杰克矩阵，又叫卡拉杰克模型。该模型以采购所牵涉的两个重要方面作为其维度：收益影响（Profit Impact）、供应风险（Supply Risk）。将物料分为4类：杠杆物料（Leverage Items），就是可以撬动买方降本的物料，收益影响大，供应风险小；战略物料（Strategic Items），收益影响大，供应风险大；非关键性物料（Non-Critical Items），收益影响小，供应风险小；瓶颈物料（Bottleneck Items），收益影响小，供应风险大。

在大型规模企业里，组织庞大、产品种类众多且具备完全不同的特性，计划策略会被分层。公司级的体系高管们需要做一些指导性的定性的策略来，而低一级的事业部的体系高管再按照自己分管的产品范围、区域范围等去细化。在大部分企业里不需要分层了，第一业务没有这么复杂，第二也没有这么多专业人才。

计划策略输出后，可以指导的计划包含：S&OP计划、产能计划、主生产计划、物料需求计划、加工计划、运能计划等制造企业运作计划。同时，计划策略也会影响计划参数（同时计划参数也影响了计划策略）。计划策略在整个计划体系的运作中，能够起到真正的连接上层和指导下层的作用。

第三节　SMPS贯通协同计划体系

在本节中，我们展开分析，看一看SMPS模型如何贯通协同企业的计划体系工作。

为了方便，我们用图20-2来描述在日常的计划全过程，并把一些过程编上号码。分析这张图可以看到SMPS是怎么发挥作用的。

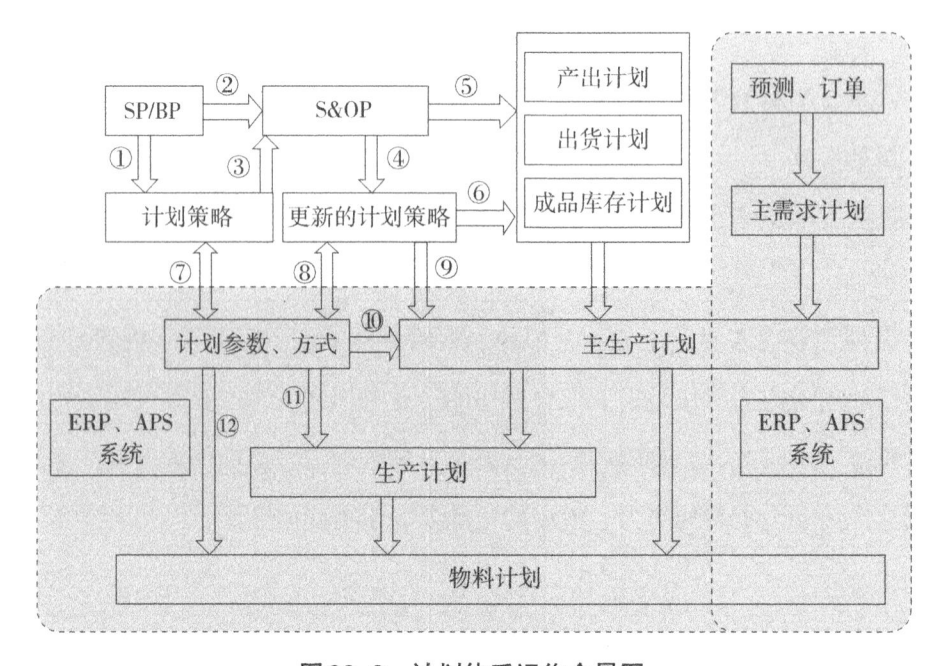

图20-2　计划体系运作全景图

（1）SP/BP对制订计划策略起指导作用。一般在BP中会描述当年整体需求形势，也会规定当年的财务指标，例如销售额、市场方向、成本利润、现金周转天数、库存额等，这些都是制订计划策略的重要输入，并应该保证计划策略承接BP而不能背离。

（2）SP/BP也是S&OP的重要输入。

（3）计划策略影响S&OP的决策。计划策略中的库存策略直接指导了S&OP中的成品库存计划；其中的风险储备、战略储备也是S&OP决策的重要内容；供需平衡策略指导和影响S&OP中的供需平衡方案；计划策略中的其他内容同时也适用于指导和影响S&OP的方案和决策。

（4）因为S&OP会议的层级很高，权限很大，所以计划策略不是单单指导S&OP计划。反过来，在S&OP会议上，需要审视计划策略的合理性，如有必要就修正更新。如果需求形势或者供应形势与BP制订时发生了重大变化，计划策略肯定需要调整，而S&OP是一个很好的评审和决策机制。

（5）S&OP最重要、最基本的输出是PSI，即产出计划、出货计划和库存计划。

（6）在S&OP会议前的计划策略在S&OP会议决策后更新，更新的计划策略直接影响S&OP的主要输出。

（7）计划参数不同会影响计划策略，例如不同提前期的产品可能库存的结构就不一样，生产提前期短的则无须备成品库存，反之需要备成品库存；又例如不同的规模经济特性也会影响是否备成品库存或者半成品库存；等等。

（8）计划策略直接指导计划参数，例如安全库存，一旦确立了安全库存的策略，就随即确定计划参数并录入ERP；例如一旦确定了供需平衡的策略是供跟随需，那么就不需要准备太多的库存了。

（9）主生产计划的编制，一方面要和S&OP的产出计划对齐（允许有一定偏差），另一方面又要允许根据需求计划的变化而变化，同时又受到计划策略的影响。例如在供需无法平衡时，计划策略中规定的供需平衡策略，就会指导主生产计划中某些订单应该提前生产还是延后交付。

（10）主生产计划的编制受计划参数的影响是非常直接的：最小生产批量、最大生产批量影响了合批分批的决定；产品的优先级影响了生产顺序；有时候是一个特征值例如颜色、直径等参数，都会影响顺序，因为生产部希望更少的切换而要求相同规格的连续生产。

（11）相对于主生产计划，详细的生产加工计划受到更多计划参数的影响，因为生产计划采用更细致的规则，每一个规则后面一般都有参数。前面我们在生产计划方法和生产计划参数的章节里已经详细介绍过。

（12）物料计划由主生产计划和生产计划拉动。企业通常按照不同的提前期，设置不同的计划层级，把一些长周期的物料或部件设为主生产计划拉动，短周期的设为生产加工计划拉动。计划参数对物料计划的影响大家是最熟悉的，例如安全库存、MOQ、MPQ、采购频率、ABC分类，等等。

绝大部分的计划参数和各级计划一起，可以设置和运行在ERP或者APS中。而ERP和APS的分界线可以是灵活的。但是最基本的原则是：ERP主责是固化计划体系的流程，还有主数据管理等；对于"计算"，应该仅限于MRP。APS更擅长"计算"，一个是复杂的计算，例如生产计划中的计算；另一个是快速地计算，物料齐套分析，ERP和APS都可以计算，APS算得更快，所以更倾向于在APS中实现。ERP和APS配合，可以完美地满足计划的"流程+计算"的特性。

以上阐述说明了SMPS模型的四个部分不是孤立地存在和独自运行的，它们是整个计划体系的一个组成部分。从流程的角度来看，它们是使能和支撑，赋能且保障运行类计划流程顺利高效地落地。SMPS模型和常规的各类计划能够完美地结合起来，为这些流程提供指导、具体方法、参数，也帮助这些流程业务规则的落地。它能够高效稳妥地传递战略计划，使得计划业务的结果更可控；它丰富了组织与角色，并清晰地明确了各层级各角色的责任；它丰富了IT手段，在原有ERP基础上加上了APS。

到此，一个新计划体系清晰可见了，其中SMPS模型是新旧计划体系的分水岭之一。这个新的计划体系基本架构就是传统PMC+SMPS模型，用SMPS去弥补老计划体系的不足。或许我们可以给这个新的计划体系命名为集成PMC。希望新的计划体系能够让计划工作上下贯通、左右协同，让流程规范完整、计算科学准确，流程和计算紧密结合，从而优化计划工作，进一步提升企业运营质量。

第二十一章
以人为本，建设高效的计划组织

第一节　计划职能的岗位与组织

麦肯锡7S模型（Mckinsey 7S Model），简称7S模型，是麦肯锡公司提出的企业组织7个要素，包括结构（structure）、制度（system）、风格（style）、员工（staff）、技能（skill）、战略（strategy）、共同的价值观（shared values）。不过笔者认为system仅指制度有点狭隘了，应该是由流程、规章制度、IT等组成的一个系统才比较完整。用这个模型的7个要素去审视企业的供应链组织甚至是更下一层的计划组织，也是具有很强的参考意义的。

这里不展开谈风格、战略、共同的价值观，因为这是企业共有而不是本书的主题——计划所独有的。在前面章节中已经阐述关于流程、IT系统，现在阐述的是结构、员工、技能3个要素。

一般情况下，企业在开始梳理岗位职责时已经有了较完整的流程、大致的组织架构。在梳理职责时，笔者比较认同HAY公司提出的一些方法论。

（1）运用管理领域分析（FOM）来确定部门的大致职责边界。

（2）运用关键管理流程分析（MMP），如果某些重要业务活动没有完成流程设计，则在此处列出关键管理流程的清单、主要活动、输入输出等，为下一步做好铺垫。

（3）运用管理职责关系分析（IRMA）进一步明确部门或者角色在关键管理流程中的职责，罗列角色职责。其中关键思想是：

①流程中的每一项活动都有相应的角色承担。

②每个活动只有一个负责人R，其他角色的参与为部分负责人R*、支持者S、被告知人I和审批人AV。

（4）把本部门在各个流程中的主要职责收集起来，合并归纳类似项，R、R*的必须包括，S的可以简略，形成了部门职责。

（5）由角色到岗位设计，优化岗位设置，最终通过岗位说明书的方式固定下来。

这是自上而下的岗位分析和设置方法，后面的论述就采用这个方法。

假设在计划体系流程中，已经明确了很多计划活动，并规定了参与这个活动的主要人员，这些人员在流程中被称为角色。

我们对前面描述的计划类流程做一个简单的管理职责关系分析，通常在计划领域的角色及分析结果如表21-1所示：

表21-1 计划体系各流程活动职责矩阵表

序号	流程	流程主要活动	计划负责人	S&OP专员	主生产计划员	生产计划员	物料计划员	车间调度员
1	制订S&OP计划	供应能力评估	R*	R	S	S	S	S
2		S&OP预备会议	R*	R	S	S	S	S
3		S&OP决策会议	S（总经理是R）	R*				
4	制订主生产计划	制订MPS计划			R	S	S	S
5		审批MPS计划	AV					
6	制订加工计划	制订成品装配计划			S	R	S	S
7		制订自制件加工计划			S	R	S	S
8		审批计划	AV					
9	制订调度计划	制订车间调度计划			S	S	S	R
10		审批计划	AV					
11	制订物料采购计划	制订物料采购计划			S	S	R	S
12		审批采购计划	AV					
11	管理计划配置	管理计划参数配置	？R			R*	R*	R*
12		管理计划IT配置	？R			R*	R*	R*
13		管理计划方法	？R			R*	R*	R*
14	制订计划策略	制订计划策略	R	S	S	S	S	S

表21-1中打问号的是因为心有疑虑，不知道由谁来负责。按照规则，不知道分不清责任人的暂时一律交给负责人，后面我们再来看应该分给谁。走到这一步，我们已经梳理了各主要计划活动的角色了。

在组织中我们设置的是岗位，一个岗位可以承担流程中的多个角色，一个角色只能对应一个岗位，一个岗位可以有多个编制。把那些岗位放置在一个组织里，就是组织的设计了。例如5个岗位成为一个小组，3个小组成为一个科室，4个科室成为一个部门，这就是科层制，又称理性官僚制或官僚制。

但是，企业在设置计划岗位时，常常会遇到以下问题。

第一，物料计划员与生产计划员横向还是纵向职责区分，如表21-2所示。

表21-2 岗位设置方案对比

项目	岗位设置方案1		岗位设置方案2	
角色	物料计划员	生产计划员	物料计划员	生产计划员
产品线1	计划员1		计划员1	计划员2
产品线2	计划员2			

表21-2中的方案1是以产品线为导向，计划员岗位包含了物料计划员和生产计划员两个角色，只是他管辖的产品线范围小了。方案1的好处是生产计划和物料计划的协同很容易。坏处是如果产品线1和产品线2在物料和生产资源有很多的共用，则两条产品线之间的协调就很困难，因为资源的分配是很复杂的；另外共用的资源无论是物料还是设备，两个人做计划，分别下达计划的话，难免让供应商和生产部门晕头转向。

方案2则按专业来分，优缺点和方案1恰恰相反。所以总体来说，笔者建议按照跨产品线的公共生产资源的涉及范围大小来划分，范围大则用方案2，范围小则可以考虑方案1。大型的企业，虽然在微观层面可能因为有很多岗位编制而不存在这个问题，但是如果逐级往上看，则是同样的逻辑。

组织设计原则一：把协同关联性很强的业务职责尽量分配给一个岗位，尽量归并在一个科室、一个部门里。这样做的好处是紧密的协同不需要跨组织来进行，没有部门墙。

第二，企业发现一些要求很高技能的"计划配置"的岗位没有人能够胜任。这里需要的是计划业务专家。上表中"？R"是把"计划配置"工作分配给计划负责人。但是他强于组织和领导而不一定是计划专家，也许不能胜任这项工作。

组织设计原则二：进行岗位分层，即高端的职能和低端的职能尽量不要分配给同一岗位。否则"高水平"的员工干着低端职能觉得枯燥没劲，也浪费资源，"低水平"的干不了那些高端职能误了事。所以在有一定规模的计划组织中，建议设置专门的内部计划专家岗位。计划员分级的另外一个好处是给计划员一个专业序列的上升通道，而不是挤在行政职务序列一个通道里。

第三，有的企业把调度放在生产部门里，因为是调度需要大量地与车间协同，这可能背后隐藏的是几个问题，例如车间执行状态不透明、车间异常频发需要太多临机调度、预先编制的调度计划不可行还需要现场调整，等等。如果没有这些问题，笔者建议还是把调度放到计划部门，因为调度的技能和生产计划的技能是最相近的。

组织设计原则三：技能相近的岗位尽量放在同一个部门。这样做的好处是技能相同的人在一起，可以多切磋，一起进步，也可以防止"恃才傲物""恃技傲人"。

还有的企业，会把采购履行放入计划部门，如此设置的基础是采购部其他人的工作做得比较好，采购履行人员不需要频繁地去和采购部的寻源、供应商质量管理员协调，还有价格、份额分配等也固化在IT系统了。因而采购履行人员最常做的协同是和物料计划员的协同。这里说明的是：企业的管理状态和IT系统会影响到不同工作的关联程度。所以设置岗位的时候不可拘泥、不要直接照抄。

另外常见的一个纠结是和销售部门的边界。有的企业是把需求管理（预测管理和订单管理）放在计划部门，反过来有的企业把主生产计划放在销售管理部门。笔者的观点认为这两种做法都不太好。本来需求管理部门和供应链计划部门分属两个部门，背靠背，一个代表客户的声音，一个代表供应链的观点和诉求。背靠背，是相互信任相互依托，而不是相互拆台或者漠视，这是最平衡的设置。这个平衡被打破后，供需平衡也很容易被打破。前一个方案容易掩盖客户的不满，后一个方案则会让主生产计划容易变成主需求计划。

当然岗位的设置还有精简原则、客户导向原则、组织扁平原则、内控制衡原则，等等，对此本书不再展开论述。

第二节 计划人员胜任力模型

企业在明确了计划的组织和岗位设置后，下一步面临的是员工及其技能的问题。这里我们把员工和技能这两个要素放在一起谈。

首先需要分析的是某岗位需要做什么（哪些流程、哪些活动），做到怎么样（达到什么样的绩效目标）；然后得出该岗位员工需要的知识技能以及内在的其他素质。

知识技能比较容易，员工需要什么样的内在素质就很难说清楚。现在管理活动中最常用的是美国著名心理学家麦克利兰于1973年提出的一个著名的模型——"冰山模型"。"冰山模型"就是将人员个体素质的不同表现划分为表面的"冰山以上部分"和深藏的"冰山以下部分"。

其中，"冰山以上部分"包括基本知识、基本技能，是外在表现，是容易了解与测量的部分，相对而言也比较容易通过培训来改变和发展。而"冰山以下部分"包括社会角色、自我形象、特质和动机，是人内在的、难以测量的部分。它们不太容易通过外界的影响而得到改变，但却对人员的行为与表现起着关键性的作用。

在这个冰山模型基础上，结合岗位管理，就有了岗位胜任力模型。例如某企业设置了计划部长、物料计划主管、生产计划主管、物料计划员、生产计划员、生产调度计划员、内部计划专家、S&OP专员8个岗位，那么企业就应该编制8份岗位胜任力模型，但是事实上往往将一些相近的同一序列的岗位做一份胜任力模型，然后每个岗位的胜任力就依此选取合适的条目以及在该条目上的合适的等级。如表21-3所示。

表21-3 计划序列岗位胜任力条目列表

序号	流程	流程主要活动	计划专业知识	行业知识	公司专有知识	技能	内在素质
1	制订生产加工计划	接收需求	计划原理；MRP的主要逻辑、计算公式；生产计划的约束优化；绳鼓理论；正向逆向排产	零部件供应形势；客户购买特征（交期、数量方面）；同行与标杆绩效	产品知识；产品BOM；产品加工工艺；公司主要工序产能；零部件知识；关联流程知识	APS、ERP运用技能；Excel技能；多场景组合模拟的能力；预期结果推演能力；数据统计分析能力	逻辑强；沟通表达；担当与决断；细致耐心；追求团队成功
2		供应资源检查					
3		供需匹配模拟					
4		关联人协同					
5		生产计划确认					
6		生产计划下达					
7		生产计划执行跟踪					

第一步，就是计划序列的主管人员、内部计划专家在人力资源岗位管理专业人员的帮助下，把业务流程的每一项关键活动列出来，然后去思考要完成这些活动需要什么样的专业知识、行业知识、公司专有知识、技能和内在的素质。这时候，我们不需要考虑掌握的程度，因为一个序列里面有高级职位和初级职位，对每一项胜任力要求的程度有所不同。例如ERP技能，对初级计划员可能只需要按部就班地操作常用的菜单，而对高级计划员需要熟练掌握更多的菜单，掌握设置方式。然后进一步把计划主要流程都分析一遍，就能得到很多专业知识、行业知识、公司知识、技能和内在的素质的条目，合并同类项，再精简提炼，就形成了计划序列人员的胜任力条目。

第二步，将所有的胜任力条目进行分级。一般来说从熟练程度和实践经验两个角度来评判知识与技能。这里容易混淆的是知识和技能的区别，包括各种文章、文献、词典上的解释可能各不相同。笔者比较认可一位专家的观点：掌握了某项技能，就是掌握了某个知识，并能够运用这些知识且大概率地能达到人们通常所期待的目的和目标。比如一部美国电影中有个这样的情节：危急关头，一个没有飞行经验但是喜欢模拟飞行的男子接受远程指导，驾驶飞机以求平安着陆。他就是属于有知识没有技能，大概率他不能让飞机平安着陆。但是在没有技能只有知识的基础上，在专家指导下，他取得了成功，这是个小概率事件，所以才成为电影故事。有人认真学习了各种汽车驾驶的知识，但是没有通过各科目考试，我们可以说他不具备驾驶技能，因为他如果驾车大概率不能平安抵达终点。

表21-4　汽车驾驶岗位知识技能等级定义参考

等级	熟练程度	经验	举例
1级 了解	仅仅有一般的、概念性的知识	非常有限甚至没有	考完了交规、驾车操作规范之类的
2级 熟悉	在有协助的情况下的运作能力，实践过的知识	在有协助的情况下参与过多种场合的运作，在例行情况下独立运作过	在驾校、在附近熟悉的地方能开车
3级 掌握	无须协助的运作能力，触类旁通的知识	重复的、成功的经验和案例	独自开过几千上万千米，出过远门
4级 精通	深入彻底的知识，可以带领其他人有效运作	有效的、资深的、带领他人运作的经验	真正的老司机，不仅时间长，熟悉多种地形，会排除故障
5级 专家	被视作专家，能领导、教练其他人成功运作，全面的知识和正确的评判能力	全面的、广博的、领导他人运作的经验，咨询经验	驾校优秀教练

在各个等级上，再展开详细的描述，以便评价的时候参考。实例如表21-5所示。

表21-5　不同等级的详细描述

条目	1级	2级	3级	4级	5级
计划原理、方法	了解加工计划/物料采购计划基本原理（概念、作用、层次、原则等）、MRP、APS基本逻辑	熟悉计划基本原理（概念、作用、分类、层次、原则等）、MRP、APS基本逻辑，了解多种计划方法（物料计划、库存控制、生产计划）的应用	掌握计划基本原理（概念、作用、分类、层次、原则等），多种计划方法（物料计划、库存控制）与APS的应用	精通多种计划方法、计划流程的应用；掌握方法差异和适用场景	精通APS与MRP的参数设置方法、计划方式选择

第三步，是列出各级职位对应的胜任力条目的要求等级，如表21-6所示。

表21-6　任职资格要求矩阵表

条目	任职资格等级	计划业务序列					
		等级一	等级二	等级三	等级四	等级五	等级六
	参考对应岗位	计划员	中级计划员 计划主管	资深计划员 高级计划主管	计划经理	内部计划专家 高级计划经理	行业计划专家
技能	MRP	1级	2级	3级	3级	4级	5级
	APS	/	1级	2级	3级	4级	5级
内在素质（测评或评估）	逻辑思维（5分制）	3	3	4	4	5	5

关于计划序列人员的素质要求，在制造业内存在严重分歧。许多老板和管理人员，对计划序列人员的要求仅限于熟悉公司零部件、产品和生产工序；能用Excel；其他的诸如计划专业知识和技能不作要求。其内在素质层面，吃苦耐劳、善于沟通交流成了主要要求。在这样的认知指导下，车间班组成员是计划员的最优来源，因为熟悉产品类知识，熟悉生产人员有助于提高沟通效率。笔者的观点是，不反对从一线班组选拔，但是至少要基于胜任力模型去做一些评估衡量。华为选用211工程类硕士做计划，不是他们人傻钱多，而是华为清晰地认识到计划的本质中的"复杂的计算"。这样的选才标准是为了满足内在素质里的"逻辑思维"这项胜任力。

因此，企业只要有了清晰的胜任力模型，就可以提升员工和技能了。胜任力模型与岗位任职资格，可以用来评定现有员工的知识、技能、内在素质的不足之处，进而针对性地去提升员工；也可以用来作为招聘录用的评估标准、员工调动转岗的依据之一。总而言之，这是一项重要的基础工作。

第二十二章
从一隅到全局，集成供应链中的计划

本书的前面章节都在讲计划的改善，但是局限于计划业务本身。在实施方面，计划的改善还受到企业内部供应链、企业内部供应链以外的职能领域以及企业外部的影响。在现代企业面临越来越大的竞争压力时，集成供应链是一个必须具备的竞争力。这里，笔者从计划的角度谈谈集成供应链。

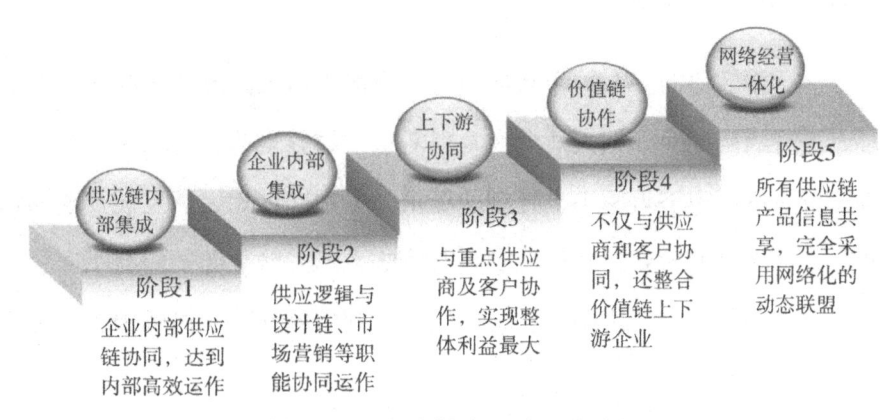

图 22-1 集成供应链的上升路径

图22-1是一张描述关于集成供应链不断进阶的图。事实上，我国的400多万家制造企业能够达到阶段1的就不多，达到阶段5的可能只是一种传说。所以，或许我们只聊聊阶段1、阶段2、阶段3就足够了。真正做到阶段3，已经不仅仅是管理技术的问题了，企业文化和价值观必须是支撑这种协同的实现的。

第一节 供应链内部集成中的计划

制造企业的供应链包括了计划、采购、生产、配送、退货等职能，如图22-2所示。企业供应链内部集成就是需要让它们相互之间高度协同起来。喊出"协同、集成"之类的口号是很容易的,但是到底落实在哪些业务活动中,就需要探究一番了。

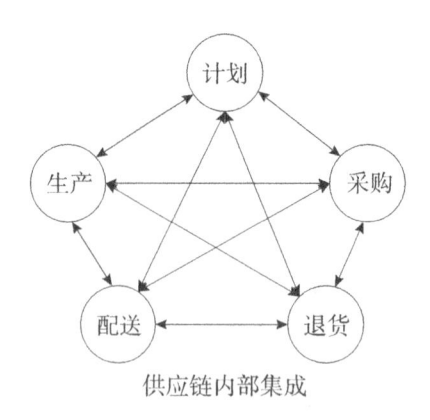

图 22-2 供应链内部集成

一、计划和采购的协同

(1) 日常运作的协同。在这个领域所有供应链人员最熟悉的协同就是为了满足日常交付而进行的协同。计划人员提出物料需求、缺料表等,要求采购履行人员满足;采购履行人员一边努力去满足计划的要求,一边向计划人员反馈预期的物料交付时间和数量;必要的时候,对供应商更有影响力的采购寻源部门给予支持。这些日常运作的协同是最基本的协同。在各层级的计划编制和落实过程中,这种协同无处不在。

(2) 策略层面的协同。在编制年度计划策略和采购策略时,计划部门需要输出预期的物料使用数量清单,作为采购部门编制采购策略的重要输入——采购需求。采购部门同样需要输出供应市场分析报告、供应风险报告等,以便计划部门决策库存策略、风险储备、战略储备、安全库存策略等。同时,计划部门编制采购履行策略时,例如采用 VMI、长期协议等,都要基于采购部门的分析;一旦决策了,就需要采购部门去与供应商谈判落实。总之,双方需要紧密协作,连续互动,你中有我、我中有你。

(3) 计划参数层面的协同。计划工作的主要目标供应基线、及时交付率、库存指标以及主要的计划参数,如安全库存都和提前期紧密相关。而提前期的确定,和采购部门直接相关。例如计划部门希望获得短提前期,如果能和采购部门协同,很多情况下是可以实现的。例如A物料一开始提前期是60天，但是基于某种承诺和采购部门的努力，供应商常备了关键原料缩短到30天；常备了半成品就缩短到10天。还有MOQ、MPQ等，特殊情形下也可以要求采购部门去与供应商协商。所以，和采购相关的计划参数，不是采购部门简单地通报计划部门，也不是计划部门一厢情愿地去要求采购部门，而是协商找到最优解决方案。

（4）生命周期管理的协同。采购需要关注物料的生命周期，计划部门在物料生命周期末期前要决策是否需要多备些库存。在一些新物料导入时，供应商的产能提升计划以及实际进展是计划部门必须获得的信息。在企业新产品导入时，无论是设备供应商和物料供应商的状态及预期进度是计划工作的重要输入。当产品准备退出前，计划部门需要动态地主动地分享关键信息给采购部门，以便采购部门协同供应商做好善后工作。

（5）处理呆滞库存的协同。牵头处理呆滞库存也是计划部门的重要工作。计划人员经常需要采购部门协同供应商资源去处理，例如供应商折价回收，供应商推荐其他客户购买等。

（6）供应商考核及应用的协同。对供应商的考核有一个KPI就是物料交付及时率，计划和采购需要在定义、计算方法上达成一致。而绩效不良时的改进工作，需要采购部门去督促检查供应商的工作。

（7）争议解决的协同。计划和采购经常会在这些点上发生争议，例如采购希望严格遵守不同供应商的份额分配，或者希望购买更多的低价格供应商物料；而计划部门希望的是尽快交付，谁交付及时就买谁的。这种争议，需要双方先有共识再梳理出业务规则然后执行。

二、计划与生产的协同

（1）日常运作的协同。生产计划和生产执行形成动态互动和闭环是最基本的协同。

（2）策略层面的协同。生产职能负责的生产策略、产能建设计划和计划职能负责的计划策略，互为输入输出，需要双方一起协商、一起决策的。

（3）透明的工厂而不是黑箱工厂是协同的基础。生产部门要把自己的产能数据、设备维保计划、出勤计划、线边物料数据、生产进度状态等及时准确地传递给计划部门，以便计划部门编制和调整生产计划。一般的工厂推进数字化，先从工厂内部的SCADA、MES做起，其中一个原因就是要让工厂透明起来。

（4）生产计划参数的协同。例如生产部门希望更大的批量，而计划部门有时候需要插入一个紧急的订单，这些都需要双方协商一致并形成业务规则。除此之外，制造节拍、工序准备时间、工序转移批量、工序转移时间等计划参数都需要生产部门的梳理。在没有导入APS这样的工具之前，生产加工计划尤其是车间调度计划的编制过程，就需要双方一起协作完成。

（5）在正常的计划和异常发生后的计划临时调整中，只有计划部门能够总揽全局给出最合适的调整方案，而这样的调整方案是企业利益最大化，不一定是生产部门利益最大化，这就需要生产部门的配合并坚决执行。

总之，生产业务规则透明化而转化为生产计划逻辑与参数再加上生产部门状态透明化，提供计划的重要输入。计划部门要用合理的计划方法、编制出可行的优化的计划，然后生产部门严格执行生产计划。一旦发生异常，双方快速反应准确应对。这就是计划与生产部门的日常运作协同。再加上策略层面的协同，这是计划职能和生产职能主要协同点。

三、计划与配送的协同

（1）日常运作协同。总体来说，配送部门执行计划部门的配送计划，并反馈配送的状态。

（2）与生产能力计划一样，配送能力计划是整个计划的重要组成部分。

（3）一体化的统筹是协同的难点和重点。配送方案会约束或者影响整个计划（包括物料计划、生产计划等）。例如某个海外客户，配送方案可以选择海运（运费低、运输慢）或者空运（运费高、运输快）。假设客户要求3月1日送达，一开始预期选择海运，就需要1月10日完成包装出厂。但是由于某种原因，最快1月20日完成包装。这时候完工计划很有可能改到2月20日，从而可以将产能和物料让给其他订单。本订单的配送成本提高了，但是可能降低了其他订单的配送成本，在当前限制条件下这是全局最优解。也有可能选择将某个进口物料从海运改为空运，满足1月10日完工，提高了量小的原材料运输成本而避免了量大的成品空运成本。

（4）计划参数协同。同样地，为了一体化地统筹，需要将运输相关的数据作为计划参数。这些计划参数包括运输周期、运输里程单价、海运与空运航班班次等。

四、计划和退货的协同

或许因为退货发生的概率比较低，无论是向供应商退物料还是客户向企业退产品。随着电商的发展，某些企业可能的退货就很多了。服装电商的退货率可能达到50%。

一般来说，计划关心退回的货物，关心的是对自己的生产计划、配送计划的影响。因此他们首先关心退货品的处理方案。是检测后可以直接当作可用的产成品？还是需要维修？维修方案需要什么物料？还是拆解后当作半成品或者原材料？各个方案分别的预期的周期是什么（计划需要知道预期可用时间）？还是直接报废（这种场景最简单）？向供应商退货就比较简单。

另外计划关心的是退货的计划和退货执行的状态。

还有计划关心的是退货的资源例如仓储、运输、返修资源是否会影响退货品的再利用。

总的来说，供应链内部的协同，主要是日常运作协同、策略协同、参数协同、资源与能力协同。协同的目的是让大家目标一致、策略一致、步调一致、信息共享，从而提升供应链的运作水平。

第二节 企业内部集成中的计划

在供应链内部基本集成以后，企业追求下一个更高层级的集成——企业内部集成。对供应链来说，最重要的集成对象是产品交付链（从线索到现金，LTC）和产品设计链（集成产品开发，IPD）。

一、在产品交付链的集成中的计划

产品交付链可以分为3个阶段，先后是从线索到订单（LTO）、从订单到交付（OTD）、交付到回款（DTC）。

（1）在日常运作中，计划人员最熟悉的就是在这个阶段向销售部门提供某个意向订单可能的交期；这是最基本的产销协同；在订单获得后，给予正式的交期承诺。在无法及时交付时，由销售与客户协商，引导客户等。计划部门给出了供应基线，是对交付周期的总体承诺。这些都是最基础的协同。

（2）在宏观层面，在供应链职能战略、年度计划、计划策略编制过程中，市场销售部门往往给出总体需求形势、客户状态等，是编制工作的最重要输入。在S&OP会议上给出预计的产出、出货和库存计划，而销售部门也可能据此去引导客户选择有利于企业的产品和交期等，这是很重要的宏观层面的供需平衡协同。

（3）在需求预测时，计划部门参与评估销售部门提供的数据。在有些企业，计划部门还要对过往需求数据的统计分析并运用预测工具获取需求预测。

（4）在某些大项目销售场景中，计划部门很有可能成为"铁三角"中的交付代表，为项目定制供应解决方案，代表供应链向客户承诺。

（5）在客户要求VMI类型的交付时，计划部门要利用擅长的管理技术，支撑或者直接替代销售人员与客户商量确定"补货点、补货批量"等计划参数。市场销售部门给出的客户优先级、订单优先级等是计划编制的重要计划参数。

（6）容易被忽视的协同事项，例如客户的真正产品消耗节奏、客户提货的偏好等，销售应该尽可能详细提供给计划部门，让计划部门可以更准确灵活地满足客户。

二、与产品开发链的集成中的计划

如果学习了IPD流程，大家对供应链如何参与到产品开发过程中都会有很好的认识。整个产品开发从启动开始，历经概念阶段、计划阶段、设计阶段、验证阶段、发布以及产品退市的全过程，供应链部门从一开始就要积极参与进去。供应链职能参与集成产品开发，总体来说采购和生产的参与度很高，工作量很大。而计划职能相对比较少。即使这样，很多环节还是存在协同。

（1）计划人员参与新产品物料需求计划、试制计划等，这是协同的常态内容。

（2）产品设计过程中，计划职能要关注产品未来的可计划性，例如产品设计要简化产品配置，降低库存单元种类、支持版本平滑切换、物料可获得、提前期，等等。计划职能要参加编码和BOM的规划与评审。这一点很容易被忽视，然而这一点实际上是可计划性的重要因素。

（3）产品开发计划阶段开始，计划职能要支撑PDP团队编写产品供应策略与计划。

（4）新产品尚未发布时的早期销售计划，需要计划部门深度参与。计划人员可能要负责制订和落实早期销售支持计划（简称ESS）。计划部门根据需求分布和实际供应能力，结合ESS计划基准量，制订ESS产品发货计划。

（5）产品版本或者物料版本更新时，计划部门要参与讨论老版本物料和产品的处理意见。计划部门的角度往往是确保供应不断档同时确保物料不呆滞、少呆滞。总之是最小的切换成本和最大的切换收益。这里面相对比较难的是切换方案中如何确定老版本再生产多少量或者多久是最合适的。这里又体现了计划的"计算"特性了。

（6）产品生命周期结束了，计划部门需要编制维修件的储备计划、新老产品的切换计划等，属于产品终止供应管理范畴。而这个计划的依据是产品部门提供的易耗件清单、易耗件维修概率，以及易耗件的生命周期等资料。

第三节　上下游协同中的计划

在达成了企业内部集成后，供应链需要与企业外部协同。当然主要是和客户以及供应商集成，客户包括了分销商、零售商和最终客户。

在前文讲到的与计划部门与销售部门的协同，很大部分可以认为是和客户的协同。而计划部门与采购部门的协同，很大部分也可以认为是和供应商的协同。同时，企业就是客户的供应商，也是供应商的客户。所以如果有一面镜子的话，我们会发现这两种协同是一样的出发点和一样的原理。企业希望客户做的，就是供应商希望企业做的。反之，企业希望供应商做的，就是客户希望企业做的。

一、全局的库存协同

在本书前面的章节中曾举了一个关于提前期的例子。从这个例子可以看出，供应商备货的状况可以极大地影响企业的采购提前期。其实安全库存也是一个道理，供应商常备了一些库存，那么企业就可以削减自身的安全库存数量。反之，企业的库存策略也会影响客户的提前期和安全库存。

现在至少说到了三级库存了，分别是供应商的库存、企业的库存、客户的库存。管理学中就有了多级库存优化与控制这一管理技术。

多级库存优化控制是对供应链资源的全局性优化控制方法。多级库存控制的方法有以下两种。

1. 中心化库存控制策略

中心化库存控制策略是将库存中心放在核心企业上，由核心企业对供应链系统进行控制，协调上游企业与下游企业的库存活动。这样，核心企业也同时成了供应链的数据交换中心，担负着数据的集成与协调功能。实施这个策略，前提是需要有一个核心企业，我们称它为供应链的"链主"。在汽车制造行业、手机制造行业，就存在很多"链主"，大家耳熟能详的丰田、比亚迪、上汽、苹果、华为、小米等都是"链主"。事实上，他们也非常深入地去管理上下游的库存，以便取得很好的协同效益。

2. 非中心化控制策略

非中心化控制策略是各个库存点独立地采取各自的库存策略。在这种策略下的协同，一般更加灵活但是协同程度会比较低。这也是不得已而为之，因为没有"链主"，上下游之间的影响力不够。需要注意的是，企业采取这个策略时，虽然没有办法"命令"和"控制"自己上下游企业的库存策略，但是不能放弃协同，应该多协商，以便尽可能取得较好的协同效应。

其实，大部分企业处在一种中间状态，例如对一部分供应商具有很大的影响力，而对另外一部分供应商影响力很弱。这时候，可以采取不同的策略，即部分的中心化策略加上部分的非中心化策略。

二、防止和减弱牛鞭效应

牛鞭效应，是指供应链上的一种需求波动被逐级放大的现象：需求信息流从下游的客户端向上游的供应商端传递时，波动逐级放大，导致了出现越来越大的失真，此失真的放大作用在图形上很像一条甩起的牛鞭，因此被形象地称为"牛鞭效应"。比较典型的是像洗发水这样的消费品，在一段时间内A品牌在某个地区的消费量应该是很稳定的（消费总量和人口有关，比较稳定；A品牌的市场占有率也是比较稳定的）。然而，A品牌的工厂接到的订单是大幅度波动的。这种现象就是牛鞭效应造成的。

1.牛鞭效应产生的三个原因

（1）促销等活动放大了消费者购买的波动性。

（2）每一个环节都有订货间隔周期、安全库存，或许还有MOQ、MPQ，还有"冲业绩"，获取"大批量的优惠价格"等现象，扭曲了真实消费需求，放大了波动。

（3）如果是把预测当作需求信息，且预测不需要承担后果时，那么这个波动会更大。

2.针对牛鞭效应需要采取的措施

这些措施很大部分不是计划部门负责的，但是这不代表计划部门无所作为了。计划部门可以采用下面这些办法以防止和减弱牛鞭效应。

（1）"怀疑"。计划人员应该仔细地了解全链的销售物流环节，对比牛鞭效应的成因，推测可能存在的扭曲，同时了解各环节在防止牛鞭效应上的举措。这样，计划人员就可以"合理地怀疑"需求信息的真实性。

（2）"求证"。计划人员可以根据历史信息及数学模型，对未来的需求做出自己的预测；然后与市场销售部门提供的预测对比；当差距较大时，可以要求需求部门论证其预测的合理性。但是要注意，求证不是越俎代庖，预测始终是市场销售部门的职责。

（3）"区别"。这里不是说根据客户优先级的区别对待，而是根据客户真实需求的区别对待。例如 A 和 B 客户都订购了 200 个类似产品共 400 件，都要求一周内发货。如果计划员知道 A 客户是每周定一次，B 客户是每月定一次，计划员就可以推测 B 客户其实可能这一周只需要 50 件。所以如果在一周内只能生产 300 件产品时，计划员不应该各生产 150 件，而是应该给 A 客户 200 件，B 客户 100 件。

（4）"阻断"。"己所不欲勿施于人"，在向供应商和采购部门提供未来的物料需求预测时，首先自己不要再做那个扭曲真实需求的人，其次对来自上游的扭曲的信息加以一定的矫正，从而尽量在自己这一环阻断牛鞭效应。

三、上下游协同应具备的基本要素

无论是多级库存优化与控制还是防止牛鞭效应，以及其他的管理行动，上下游协同的效果绝不是只取决于管理技术，还需要考虑一些基本的要素。

1. 长期合作的生态

在我们国家产业链的上下游合作生态中，"弱肉强食"远远多于"合作共赢"。很多强势的买家不仅仅是压价厉害，在收货、验收、付款等环节"随意发挥"的现象也比比皆是，更严重的是很少能有长期合作协议。试想一下，如果供应商根本不知道明年是否还能继续合作（可能是价格太低供应商就会主动放弃业务，也可能是买方另找新的供应商），也不知道明年的份额，他们如何在计划策略上配合？如何为客户准备产能？如何实施协同的库存策略？这样的合作生态，造成了上下游之间不能真诚地合作，全是短期行为，那么所谓的协同是不可能真正实现的。

2. 责任担当

企业给供应商下达预测，万一预测不准，造成损失，企业总应该担当一部分责任。而在现实中很多买方企业不愿意承担这个责任，更恶劣的是有些企业下了订单都可以随时取消或者不取消就无限期推迟收货。这种不担当的后果还带来了一个恶劣的现象就是工作人员毫不在意自己的工作质量，反正错了对他没有损失，甚至还会故意夸大需求以保护自己的供应安全。实际上供应商也不傻，最终还是羊毛出在羊身上，只是让买方短期内逃避了责任，长期来看都是要付出代价的。这样的企业很难建立一个协同的供应链。

3. 视野与格局

上下游协同，不是一蹴而就的，需要长远的目光，才会舍得投入，才能坚持做下去。协同的时候需要妥协，需要照顾他人的利益，需要牺牲局部利益，需要牺牲短期利益，这都需要格局。

4. 组织与员工能力

协同很复杂，正如现代战争的协同作战，不仅仅是过去的步坦协同、步炮协同，而是陆、海、空、天各军种的大协同。"少将连长"，不仅仅是连长具有少将的炮火呼唤权，而且是连长具有少将的战场全局的识别能力和战斗组织能力。现代供应链越来越复杂，在更快、更低成本以外，还有更绿色、全球化等要求，这对计划组织和计划员工提出了更高的能力要求。只有高素质的员工才有可能帮助企业打造一个协同的供应链。

四、计划协同的落地

供应链上下游之间的计划协同和供应链内部的协同一样，需要至少在以下几个方面落地。

1. 流程上的落地

协同不是个人行为协同，而是组织与组织之间的协同，既是管理目标，也是管理过程。所以在设计流程时就需要把"协同"设计进去。例如计划策略、计划参数、需求管理等，在设计这些相关的流程时，要把供应商的要素、客户的要素都要考虑到。

只有在流程里设计了"协同"，"协同"才有可能在企业的工作中实现。否则协同只能是一种个人行为、只能是管理层的一种思路，而不是组织的行为准则。

2. 信息共享

协同的第一步是信息共享，这是协同的基础。在数字化制造时代，服务于跨企业信息流的信息系统，如SRM、CRM正越来越广泛地被使用，很多制造商的信息系统可以获取零售商、电商的即时销售信息和库存信息。这都是为了信息共享做出的努力。无论是日常运营活动，还是制定自身的策略、参数，或者是消除牛鞭效应、多级库存优化与控制，这些都需要大量的数据、及时的数据、准确的数据，需要在供应链各级组织之间实现信息共享。

全局改善总是优于局部改善，从供应链内部不协同到供应链内部协同再到企业内部协同再到供应链外部协同，计划工作的效果也会随之越来越优化。同时，计划工作的难度也会越来越大，这是无法避免的。做艰难而正确的事情，把它做成，这是计划人员的义无反顾的使命。